Harvard Business Review Press

セルフ・アウェアネス

ハーバード・ビジネス・レビュー編集部 編
DIAMONDハーバード・ビジネス・レビュー編集部 訳

ダイヤモンド社

JN228086

Emotional Intelligence
EI シリーズ

Harvard Business Review
Emotional Intelligence
SELF-AWARENESS

SELF-AWARENESS

HBR Emotional Intelligence Series

by

Harvard Business Review

Original work copyright © 2019 Harvard Business School Publishing Corporation
All rights reserved
Published by arrangement with Harvard Business Review Press, Brighton, Massachusetts
through Tuttle-Mori Agency, Inc., Tokyo

セルフ・アウェアネス　SELF-AWARENESS　目次

[日本語版に寄せて]
なぜいま、セルフ・アウェアネスが求められているのか
中原淳　立教大学経営学部教授
001

1
EIの第一の因子に挙げられる「自己認識」とは
ダニエル・ゴールマン　心理学者
013

2
自己認識力を高める三つの視点
ターシャ・ユーリック　ザ・ユーリック・グループ プリンシパル
021

3
成功者は、いまの自分を形づくったものを知っている
バーニース・スワイン　ワシントン・スピーカーズ・ビューロー会長
039

4
「仕事にしたい好きなこと」を見つける二つの方法
ロバート・スティーブン・カプラン　ダラス連邦準備銀行頭取兼CEO
051

5
ネガティブな感情をコントロールする方法
スーザン・デイビッド　ハーバード大学心理学講師
クリスティーナ・コングルトン　デンバー大学心理学部 研究コーディネーター
061

6
たとえ苦痛でも、内省の時間を取るべき理由
ジェニファー・ポーター　ボダ・グループ マネージングパートナー
075

7
あなた自身を〝数値化〟し、キャリアと人生を改善する
H・ジェイムズ・ウィルソン　ボブソン・エグゼクティブ・エデュケーション上級研究員
085

8
あなたは部下からどう見られているか
クリス・ヘッジス　ヘッジス・カンパニー社長
105

9
ネガティブなフィードバックを上司からうまく引き出す方法
デボラ・グレイソン・リーゲル　ボダ・グループ プリンシパル
115

10
成長する人はフィードバックを上手に受け止める
シーラ・ヒーン　トライアド・コンサルティング・グループ創設者
ダグラス・ストーン　トライアド・コンサルティング・グループ創設者
123

11
シェイクスピアに学ぶ、人が成長するための条件
デクラン・フィッツシモンズ　INSEAD助教授
141

注
150

［日本語版に寄せて］

なぜいま、セルフ・アウェアネスが求められているのか

立教大学経営学部教授
中原　淳

「セルフ・アウェアネス」は、二〇二〇年代のリーダーにとって必修科目となるだろう。セルフ・アウェアネスとは文字通り、「自己に意識を傾けること」。なぜこれからのリーダーは自己に意識を傾けなくてはならないのか。

近年のリーダーシップ論では、「自己の強みや専門性」を活かして「他」を動かすという側面が重視されるようになってきている。その典型が、自分らしいリーダーシップを発揮するオーセンティック・リーダーシップ論だ。オーセンティック・リーダーシップとは、リーダーが自分の強みや弱みというのを見極めたうえで、自分らしさを発揮するリーダーシップであり、誠実さ、倫理観といった内的な基準に結びついているのが特徴だ。

かつてのリーダー論は、リーダーはいかにして人を圧倒し、権力を持って人を動かすか、と

いう〝マッチョ〟な世界観に基づくものが主流だった。いまでもこれが、米国をはじめとしたビジネス界の支配的なカルチャーであることは紛れもない事実だ。ビジネスは感情とは無縁なものと思われており、数字、ロジック、ビジネスモデルを語るのがリーダーのあるべき姿。「自己に意識を傾ける」などという行為は、敗者がすることのように思われてきた。

しかし、これまでのリーダーシップスタイルによる弊害や行き詰まりが露見し始めている。

その一つは企業の倫理観が問われるようになってきたことだ。象徴的な出来事が、二〇〇一年に起きたエンロンの不正会計事件だろう。それまでのリーダーシップ研究では、リーダーの取るべき行動やリーダーの役割といった「doing」に焦点を当てたものが中心だった。ビジョンを掲げ、自ら率先してメンバーたちを導き、鼓舞したり励ましたりして関係構築を図ることがリーダーの取るべき行動なのであり、自分は何がしたいのか、自分がやっていることは正しいのか、といったことが顧みられることはなかった。

しかし、ひたすら利潤と自己利益だけを追い求めた結果、不正会計事件を起こしたエンロンが破綻に追い込まれた後からは、企業倫理やコーポレートガバナンスの重要性が指摘されるようになり、軌を一にするようにリーダー自身のあり方、「being」に光が当たるようになった。

カリスマ型のリーダーは、自己愛が強すぎるあまり、時に自己陶酔して自分を見失い、人として大切な倫理観を失って道を踏み外してしまうことがある。そうならないためにも、自分の内面に意識を傾け、それを透明にしていく努力が必要だと思われるようになってきたのだ。

もう一つは、政治、社会、経済の不確実性が高まり、何が正解かがわからない時代に入ってしまっていることがある。卑近な例だが、先日、子どものランドセルを買いに行き、つくづくこうした正解のない時代のモノづくりの難しさを感じた。昔は、ランドセルといえば、黒か赤と決まっていて、迷う余地はなかった。しかしいまは、色やデザイン、素材の違いによって何十種類ものバリエーションがある。こだわりたければ、内側の布からステッチする糸の色までカスタマイズできるようになっている。

「黒と赤のランドセルをつくれば売れる」と正解がわかっている時代には、強いリーダーが多くのメンバーを迅速に動かし、大量生産したほうが勝つ。しかし、「どんなものが売れるのかわからない」時代においては、スティーブ・ジョブズのような傑出したリーダーならまだしも、一人のリーダーの意思決定だけで動くことには高いリスクが伴う。不確実性の時代、変化の激しい環境にある企業では、状況変化を察知しながらR&D、生産、営業……それぞれの分野の専門家が、何をつくり、どう売るべきかを決めていかなければならない。

こうした「正解のない」時代のリーダーシップのあり方として、オーセンティック・リーダーシップに加えて注目を集めているのが「シェアード・リーダーシップ」という概念だ。シェアード・リーダーシップとは、一人のリーダーだけではなく、メンバー全員がリーダーとして、それぞれの強みを発揮してチームに貢献し、チームを前に進めていくリーダーシップのあり方を指す。そしてこのシェアード・リーダーシップにおいても、オーセンティック・リーダーシップと同様、セルフ・アウェアネスが基軸になっている。メンバー自身が、自分自身についての内省を深め、自分の強み弱みを伝えることができなければ、チーム内で価値を発揮していくことができないからだ。

私の所属する立教大学経営学部では、企業と協働してビジネスを学ぶBLP（ビジネス・リーダーシップ・プログラム）の授業のなかで、シェアード・リーダーシップの考え方に基づいたリーダーシップの実践を行っている。学生たちは、他者と協働する活動を通して、ぶつかり合ったり、うまくいかなかったりする機会を数多く経験し、どうしたら人に影響力を与えられるのか、どうしたら自分ならではの価値を出せるのかと悩みに悩む。

悩んだ学生たちが最終的に行き着くのが、まさにセルフ・アウェアネスだ。他者と協働するなかでわからなくなってしまい、「自分は何者なのか」「自分は何がやりたいのか」という問いに向き合わざるをえなくなるのだ。

そのためか、二年次に行われる自分を振り返ることを目的とした授業が、非常に人気となっている。この授業では、後悔していること、とらわれている考えなど、自分を培ってきたものを深く掘り下げていき、自分が本当にやりたいことを見つけ出すといった内容となっていて、まさにセルフ・アウェアネスを目的としている。

今後、多くの組織でシェアード・リーダーシップという考え方が広がりを見せていくにつれ、セルフ・アウェアネスは、リーダーだけでなくメンバー一人ひとりにとっても不可欠なものとなっていくように思われる。

自分のストーリーを語れるか

セルフ・アウェアネスは、人生一〇〇年時代に〝どう働くのか〟を考えるうえでも非常に重要だ。以前、グローバル企業の米国本社でリーダー選抜と育成を担っていた方から話を伺ったことがある。その方は「日本人マネジャーに圧倒的に足りないのはセルフ・アウェアネスだ」として、次のようなことをおっしゃっていた。

「日本人マネジャーたちは、『あなたは仕事人生を通じて何を成し遂げたいのですか』『何がやりたいのですか』という質問に答えられないのです。社内にはさまざまな部門があり、さまざまなポジションがあるのですが、そもそも自分の仕事人生を通じて、こういうことをやりたい、こんな風に社会に貢献したいといった“I want”が答えられない。

代わりに出てくる答えは、『私はこれまで生産管理の仕事をしてきました』『法人営業ならできます』といったものです。何をやってきたのか、何ができるのかは答えられるのですが、『何がやりたいのか』という質問に対する答えは持っていないのです」

いかがだろうか。あなたは、自分の内面を探り、自分が何をやりたいか、ということに本気で向き合っているだろうか。

過去二〇年弱大学で教えていて思うが、「あなたは何をやりたいですか？　学びたいですか？」といった問いに、すぐに答えられる日本の学生は少ない。むしろ多くの学生が、「何をやったらいいのですか？　学べばいいんですか？」と尋ねてくる。「あなたがやりたいことをして、学びたいものを学べばいいんですよ？」と答えると、逆に「わたしには特にやりたいことも、学びたいこともないんですが、どうしたらいいですか？」と聞かれ、いつも返答に窮している。

しかし、「学生たちはそもそも、これまでにやりたいことや学びたいものを選んできたのだろうか」と考えてみると、合点もいく。学生のなかには「偏差値」という「モノサシ」や、親のありがたいご託宣にあわせて進路を選んできたものも少なくない。つまり、人生の大事な選択について、自分に向き合い、自分と対話し、自己決定をしてきた経験はあまりないのが現実だ。その傾向は大人になっても続く。なんとなく有名企業に就職し、たまたま配属された部署で何十年も働いてきたという人に、"I want"が答えられるはずもない。

残念ながら、一つの組織に守られ、しがみついて生きる時代は、もう長くなさそうだ。経団連の中西宏明会長やトヨタ自動車の豊田章男社長といった経済界トップも、終身雇用の限界について言及し始めた。今後は、複数の組織を経験する人のほうが多くなってくるはずだ。転職が前提になってきたら、どうしても「自分は何をやりたいのか」ということに向き合わざるをえなくなる。

先日、就職活動で早々に希望の会社から内定を獲得した、という学生が研究室を訪ねてきた。その学生は「就職活動で聞かれることって、決まってますよね。これまで何をやってきたか。そのうえに、どんな自分がいるのか。そして、これから何をやりたいのか。それが、どう行きたい会社のやりたいことに合致しているのか。この四点セットのストーリーが完結していれば勝ちなんですよ」と豪語していたが、実に的を射ていると感じた。

このことは転職時にも当てはまる。能力というものは、厳密には目に見えるものではなく、その人材が入社後に本当に活躍できるかどうかは、その人が語る物語で推し量るしかない。そうなると、結局、就職活動も転職活動も、自分自身へのディープダイブとストーリーづくりで決まってしまうのだ。

転職が前提となる時代には、こうした自分のストーリーを常に更新していく必要があり、そのためには、常にセルフ・アウェアネスを高めていくことが不可欠となる。

他者からのフィードバックをいかに得るかが重要

本書にはセルフ・アウェアネスについて、さまざまな研究知見から具体的な実践事例まで幅広い論考が収められている。なかでも私が注目したいのは、第2章でターシャ・ユーリックが述べた「自己認識には内面的自己認識と外面的自己認識の二つがある」という指摘である。「内面的自己認識」は自分自身の強みや弱み、価値観などについて自身がいかに正確にとらえているかを表している。一方「外面的自己認識」は同じ要素について他者が自分をどのように見ているかに関する理解だ。ターシャによると、自己認識度の高い人はこの両方のバランスを保つことを強く意識していたという。

就職活動を前にした学生たちは、判で押したように「自己分析」なるものを行う。さまざまな「自己分析ツール」も出されており、強み、弱み、職業適性を知ることができるものとされている。これは、セルフ・リフレクションすることで、「内面的自己」を掘り下げ、セルフ・アウェアネスを高めようという試みといえる。こうした内面的自己を意識する試みは比較的多く行われているのに対し、私が圧倒的に不足していると感じるのは「外面的自己」を理解するための試みである。

外面的自己認識がなく、内面的自己認識ばかりに偏った自己認識状態で起きるのは、影響力の過剰見積もりか、過少見積もりである。自己愛の強いタイプの人は「自分がやれば世界が変わる」「自分がやればもっとうまくやれる」と自分の影響力を過剰に見積もることになり、自信のないタイプの人は「どうせ自分がやっても変わらない」「どうせ誰も自分の話を聞いてくれない」などと、過少に見積もってしまう。どちらの場合も、自分にとっても、周囲の人にとっても、あまりいい結果をもたらすことはない。

では、どうしたら外面的自己を認識できるのか。それは他者からの「フィードバック」を取り入れることだ。本書でも、第8章、第9章、第10章など、フィードバックに関わるさまざまな知見が収められているので参考にしたい。

私自身、学生たちには常々、「自分ひとりで行う自己分析はやめなさい。他人を鏡のようにしながら、自分を知りなさい」と伝えている。そのためか、最近は「先生、私はどう見えますか」と言う学生相談が絶えない。一人ひとりに対応するのは手間がかかるが、フィードバックで外面的自己を認識することは、非常に効果が高いと感じている。

ある学生は、「自分が話すと周囲が萎縮する。いつも怒っているみたい、と言われたが、なぜだかわからない」という相談を持ってきた。そこで「いまから自分の高校時代に力を入れたものについて話してみて」と伝えた。すると、その学生は、一切間を取ることなく、立て続けにいくつものエピソードを話した。そこで「ちょっと待って。たぶん、君が怒っているように見えるのは、話と話の間に『間』がないからだと思うよ。話と話の間を一秒開けてみたらどうだろう」と伝えたら、その場で大きく改善できた様子だった。

このように、フィードバックを求め、他者から自分がどのように見えているのかを知ることは、どんなに内面的自己を掘り下げても理解できない自分を知ることができる、非常に有効な手段だ。とはいえ、日本でフィードバックを求める習慣というのは、まだそれほど一般的にはなっていないところがある。「自分はどんな風に見えますか」などと上司や先輩に聞いて回る新入社員は「あいつはちょっと変わってるな」と思われてしまうかもしれない。

しかし昨今では、こまめにフィードバックを与える機会をつくる「1on1ミーティング」や、ある人について関係者が議論した内容をその本人にフィードバックする「アシミレーション」など、フィードバックの機会を増やすための施策を導入する企業が増えている。今後は、圧倒的に不足している外面的自己認識の機会を増やし、内面的自己認識とのバランスを取っていくことが、セルフ・アウェアネスを深めていくカギだと考える。

目覚めている時間のほとんどを、スマホという情報端末を手にしながら生活している我々は、とかく外ばかりを気にして〝我を忘れて〟しまいがちだ。

スマホをいったん脇に置こう
「スクリーンにうつる外の世界」から目を離そう
いまは、ただただ、自己を見よう
他者という鏡に映る自己を、見つめよう
セルフ・アウェアネスの世界にようこそ

Harvard Business Review
Emotional Intelligence SELF-AWARENESS

1

EIの第一の因子に挙げられる「自己認識」とは

ダニエル・ゴールマン
Daniel Goleman

"What Makes a Leader,"
HBR, January 2004.（要約版）

自分をよく知れば、仕事の結果もついてくる

何千年も前にギリシャのデルフィで「汝《なんじ》自身を知れ」という神託が告げられたという。もっともなことと思われる。EIの因子で第一に重要なものも、「自己認識」(self-awareness：セルフ・アウェアネス)なのである。

自己認識とは、自分の感情、長所、短所、欲求、衝動を深く理解することである。自己認識能力が高い人は、必要以上に深刻になることもなければ、楽観的になりすぎることもない。彼らは自分自身に対しても他者に対しても正直である。

自己認識に優れた人は、自分の感情が、自分自身、他者、自分の仕事の結果にどう影響するかを認識している。

たとえば、自己認識に優れた人物は、厳しい日程で仕事をすると自分が最低の業績しか出せないことを知っているから、入念な計画を立て、期日以前に十分な余裕をもって仕事を完了することができる。

あるいは、要求の厳しい顧客とも上手に付き合うことができる。それは、顧客が自分の気分

に与える影響も、自分がいらいらを感じる根本的な原因も理解できるからだろう。「お客が取るに足らない要求をしてくるので、本来やらなければならない作業に手が回らなくなってしまった」と分析し、一歩先に進んで、自分の憤懣《ふんまん》を建設的なことがらに転換していくのである。

自己認識ができれば、自分自身の価値観や目標が理解できる。自己認識に非常に優れた人は、自分が何を目標にしているのか、なぜ目標にしているのかを理解していて、たとえば、報酬面では魅力的だが自分の主義や長期目標には合わない職に就かないかと誘われても、迷わずに断るだろう。

ところが、自己認識に欠ける人は、自分のほんとうの価値観に目をつぶり、心の動揺に引きずられた決定を下しがちである。「報酬がよさそうだから、やってみようか」と判断するのだが、二年後には、「こんな仕事をやっていても自分には意味がない、退屈でしかたがない」と思うはめに陥るだろう。自己認識のできる人の意思決定は、その人の価値観とかみ合っている。そのため、このタイプの人は、仕事を活力源と考えることができる。

自己認識能力を判別する

では、自己認識ができるかどうかは、どうすれば見分けられるだろう。

第一に、自己認識は、正直さと自分を現実的に評価する能力に表れる。自己認識に優れた人は、感情をむき出しにしたり、洗いざらいぶちまけたりしなくても、自分の感情やそれが仕事に与える影響を正確に、率直に口にすることができる。

たとえば、私の知るある女性マネジャーは、自分が勤める大手デパートチェーンが導入しようとしていた買い物相談サービスに引っかかりを感じていた。彼女は、所属するチームや上司から促されたわけではないが、進んで自分の気持ちを次のように打ち明けた。

「私は、新サービスの導入を応援できそうにありません。このプロジェクトを担当したかったのに、私は選ばれませんでした。気持ちの整理がつくまで、少し時間をください」

彼女は自分の感情にじっくりと向き合った結果、一週間後にはプロジェクトを全面的に応援する気持ちになっていた。

彼女のような自己認識は、採用面接の場でも目にすることができる。応募者に対して、感情に流されたために後悔したことがあるか、と尋ねてみるといい。自己認識のできている人は、率直に失敗を認め、失敗談を笑顔で披露しさえする。自己認識の特徴の一つは、自分を笑い飛ばせるユーモアのセンスである。

自己認識ができているかどうかは、勤務評定の時にも見分けられる。自己認識のできている人は、自分の限界や長所を理解したり、気軽に話したりできるうえ、自分のことをもっと建設的に批判してほしいと願い出さえする。反対に、自己認識に欠ける人は、改善を求められても、それを脅しと勘違いしたり、失敗者の烙印を押されたと思い込んだりしてしまう。

自己認識ができるかどうかは、その人の自信からも判断できる。自分の能力を正確に把握している人は、期限がとうに過ぎても仕事を終えられないという類の失敗はあまり犯さない。また、人に助けを求めるべき時も知っているし、自分が冒すべきリスクも計算できる。自分一人で処理できない難題は求めることはないし、長所を活かして仕事をする。

あるミドル層の社員が、上層部の戦略会議に同席するように求められた時に取った行動を見てみよう。彼女は、この会議の出席者のなかでは最下級の職にあったが、そのことに気おされたり、恐れを感じたりせず、ただ黙って話を聞いているだけではなかった。彼女は自分に、明快な論理を組み立てる頭脳も、賛同を得られるだけのアイデアを提案する能力もあることがわかっていたので、的を射た戦略を提案した。同時に、自分が不慣れな領域には足を踏み込まない自己認識もできていた。

組織で評価されにくい自己認識の能力

自己認識に優れた人材を登用することが有益であるにもかかわらず、私の調査では、企業トップは、リーダー候補生を探す時に、自己認識に十分な価値を認めていないようだ。多くのトップが、感情を正直に表すことを「軟弱さ」と取り違え、自分の欠点を率直に認める社員を正当に評価していない。そのようなタイプの人材を、人の上に立つのに必要な「強さがない」と、簡単に決めつけてしまうのだ。

ところが、実際はその逆である。まず社員や部下は、一般に正直さに感銘や尊敬を感じる。さらに、リーダーは、自分自身と他人の能力を公正に評価する判定能力が絶えず求められている。たとえば、自社は競合会社の買収に必要な経営ノウハウを持っているだろうか、六カ月以内に新製品を発売することは可能だろうか、といった判断が求められる。自分を正直に評価できる人、つまり自己認識のできる人こそ、組織を正しく評価するのにふさわしいのである。

ダニエル・ゴールマン（Daniel Goleman）
心理学者、科学ジャーナリスト。ラトガース大学「組織におけるEI研究コンソーシアム」共同ディレクター。EI（エモーショナル・インテリジェンス）の提唱者。著書に『EQ こころの知能指数』（講談社）、『エコを選ぶ力―賢い消費者と透明な社会』（早川書房）などがある。

自己認識力を高める二つの視点

Harvard Business Review
Emotional Intelligence
SELF-AWARENESS

2

ターシャ・ユーリック
Tasha Eurich

"What Self-Awareness Really Is (and How to Cultivate It),"
HBR.ORG, January 04, 2018.

自己認識の重要性は知られていても、スキルは習得されないまま

て、それには十分な根拠がある。

「自己認識」（self-awareness）は、マネジメントの最新の流行語となっているようだ。そして、それには十分な根拠がある。

研究が示すところによれば、自分について明確に認識している人は、より自信があり、より創造的である。(注1) より適切な判断を下し、より強い人間関係を築き、コミュニケーション能力も高い。(注2) 嘘をついたり、だましたり、盗んだりする可能性が低い。(注3) 仕事のパフォーマンスが優れ、昇進しやすい。(注4) そして、より有能なリーダーであり、その部下の満足度は高く、会社の収益向上にも貢献している。(注5)

私は組織心理学者およびエグゼクティブコーチとして、リーダーによる自己認識の効果を一五年近く間近で見てきた。そして、このスキルが習得可能であることも目の当たりにしてきた。けれども、私が自己認識についてさらに深い研究を始めた時には、科学と実践との間の著しいギャップに驚かされた。総合的に考えると、人々はこの重要なスキルの高め方について驚くほどわかっていないのだ。

二〇一四年に私と研究チームは、自己認識に関する大規模な科学研究に乗り出した。五〇〇〇人近い参加者を対象に一〇件の調査を実施し、自己認識とは実際に何なのか、なぜ必要なのか、どのようにして高められるのかを検証した。

私たちの研究により、自己認識とは何か、それを高めるには何が必要かに関し、多くの驚くべき障壁、誤った通念、そして真実が明らかになった。ほとんどの人が自分は自身を知っていると信じているものの、自己認識は、実に稀有な資質であることが判明した。私たちの推計では、調査対象者で実際にその条件を満たしているのは、わずか一〇~一五%なのだ。

以下の三つは、特に注目すべき研究結果である。リーダーはどうすれば、自己をより明確にとらえるスキルを習得できるのか。その方法を示す実用的なガイダンスを私たちが開発するうえで、これらが役に立っている。

①自己認識には二種類ある

過去五〇年間、さまざまな自己認識の定義が研究者の間で用いられてきた。たとえば、「自己の内面世界（思考と感情）を観察する能力」ととらえる人もいれば、「一時的に自己を強く意識している状態」と言う人もいる。[注6] また、「自身が見る自分と、他者が見る自分がどれほど違うかを自覚していること」と説明する研究者もいる。[注7] このため私たちは、自己認識の高め方に焦点を当てる前に、これらの見解を整合させて、包括的な定義をつくり出す必要があった。

私たちが検証した研究群を通じて、一貫して浮かび上がってきたのは、自己認識をめぐる二つの大きなカテゴリーであった。

一つ目を、「内面的自己認識」（internal self-awareness）と名づけた。これは、自分の価値観、情熱、願望、環境への適合、反応（思考、感情、態度、強み、弱みなど）、他者への影響力について、自身がいかに明確にとらえているかを表す。内面的自己認識は、仕事や人間関係への満足度、自己および社会的コントロール、幸福に相関する。不安、ストレス、憂うつとは負の関係にある。

二つ目は、「外面的自己認識」（external self-awareness）である。先に挙げた諸要素について、他者が自分をどのように見ているかに関する理解である。私たちの研究によれば、自分が他者にどう見られているかがわかっている人は、共感力と、他者の視点に立つ能力に長けている。リーダーの自己認識と、リーダーに対する部下の認識が近いほど両者の関係は良好で、部下はリーダーに満足を感じ、リーダーを有能視する傾向にある。

一般的には、どちらか一方の自己認識が高ければ、もう一方も高いと考えられがちだ。だが私たちの研究からは、双方の間にはほとんど関係がないことが明らかになっている。結果として私たちは、リーダーシップの四つの原型を特定した（**図**「自己認識の四つの原型」を参照）。向上すべき部分はそれぞれ異なる。

自己認識には内面と外面があるとなれば、人はどちらか一方をより優先したくなるものだ。だがリーダーは、自らを明確にとらえることと、フィードバックを取り入れて、他者からどう見られているかを理解することの双方に、積極的に取り組まなくてはならない。私たちがインタビューしたなかで、自己認識度の高い人は、両方のバランスを保つことを強く意識していた。

マーケティングマネジャーであるジェレマイアの例を見てみよう。

彼はキャリアの初期には、内面の自己認識に最大の重点を置いていた。たとえば、会計の職歴を捨ててマーケティングへの情熱を追うことに決めた。だが、会社のトレーニングで率直なフィードバックを受ける機会を得て、自分が他者にどう見られているかを十分に意識していな

自己認識の４つの原型

内面的自己認識（自分で自身をどれだけ把握しているか）と、
外面的自己認識（他者からの認識をどれだけ理解しているか）のマトリックス

	外面的自己認識度が低い	外面的自己認識度が高い
内面的自己認識度が高い	**内省者** 自分が何者であるか、よくわかっている。だが、他者からの意見を取り入れることで自分の見方を疑ってみる、あるいは見落としがないか探してみる、ということをしない。これにより、人間関係が損なわれたり、成功に限界が生じたりするおそれがある。	**認識者** 自分が何者であるか、何を成し遂げたいかを知っており、他者の意見も求め、重視する。リーダーはここに至ると、自己認識の真の恩恵を十分に理解し始める。
内面的自己認識度が低い	**探索者** 自分が何者であるか、何を支持するのか、部下からどう見られているのか、まだわかっていない。その結果、自分のパフォーマンスや人間関係に行き詰まりやいら立ちを感じるかもしれない。	**八方美人** 他者にこう見られたいと意識するあまり、自分にとって重要なことを見過ごすおそれがある。そのうちに、自分の成功や充実につながらない選択を下しがちになる。

出典：ターシャ・ユーリック博士
©HBR.ORG

かったことに気づいた。その後、ジェレマイアは、両面の自己認識を等しく重視するようになった。これが、新たなレベルの成功と充実につながったと感じている。

要するに、自己認識とは一つだけの真実ではない。それは異なる二つの、互いに矛盾さえもする見解の、微妙なバランスなのである（自分が各カテゴリーのどこに位置するのか知りたい読者の方は、私たちが提供する複数評価者式の自己認識アセスメントの無料簡易版(注8)を参照していただきたい)。

②経験と権力は、自己認識の妨げになる

一般的な通念に反する次のことが、諸研究から明らかになっている。

人は経験から必ずしも学ぶわけではない。専門知識は、誤った情報を根絶する役には立たない。それどころか、自分は経験豊富であると見なしていると、事前の下調べ、反証的証拠の探求、自分の思い込みを疑ってみる、といった行為の妨げになるおそれがある。(注9)

そして経験は、自分のパフォーマンスに対する誤った自信につながるだけでなく、自己認識のレベルについても過信を招きうる。たとえば、ある研究では、経験がより豊富なマネジャーは経験の浅いマネジャーよりも、リーダーシップ能力に関する自己評価の精度が低かった。(注10)

同様に、リーダーの権力がより強いほど、自らの技量と能力を過信する可能性が高くなる。さまざまな役職・業界のリーダー三六〇〇人超を対象としたある研究では、上位のリーダーは下位のリーダーと比べ、自分の技量を(他者からの認識との比較において)より過大に自己評

価していた(注11)。

実際にこの傾向は、研究者が測定した二〇の能力のうち一九項目で観察されている。ここには感情面の自己認識、正確な自己評価、共感、信頼性、リーダーとしての手腕などが含まれる。

この現象について、研究者たちは主に二つの説明を提示している(注12)。

第一に、上級リーダーは、その立場の高さゆえに、率直な意見をくれるさらに上位の者がそもそも少ない。

第二に、リーダーが権力を行使すればするほど、他の者は当人に建設的なフィードバックを伝えたがらなくなる。自分のキャリアを損なうことを恐れるからだ。

経営学教授のジェームズ・オトゥールによれば、人は自らの権力が大きくなるにつれて、聞く耳を持たなくなっていく。自分は部下よりも多くを知っていると考えるため、あるいは意見を求めると、その分の代償として権力が減じるという認識があるためだ(注13)。

だが、そうではないケースもある。ある分析によれば、リーダーシップ能力に関する三六〇度評価で非常に高い評価を受けたリーダーは、前述の傾向に反して、(上司、同僚、部下、取締役会等からの)厳しいフィードバックを頻繁に求めていた(注14)。こういうリーダーは、その過程

で自己認識を高めていき、他者からますます有能視されるようになる。(注15)

私たちのインタビューでも、同様のことが示された。

外面的自己認識を向上させた人たちは「愛のある批評家」――当人のためを思って真実を伝えてくれる他者――からフィードバックを求めることで、それを成し遂げていた。

彼らはまた、一人からのフィードバックに基づいて過剰に反応や修正をしてしまうことのないように、厳しい提言や予期せぬ意見をもらうと、他の人にも相談するようにしていた。

③内省によって、自己認識が必ずしも高まるわけではない

これも一般的な通念だが、内省、つまり自分自身の思考や感情や行為の原因を探ることは、自己認識を高めると考えられている。結局のところ、己を知るには、「なぜ自分はこうなのか」を省みる以上によい方法はないだろう、というわけだ。

けれども、私たちの研究で最も驚くべき発見の一つとして、内省する人は自己認識度がより低く、仕事の満足度と幸福感も低めであった。別の研究も同様の傾向を示している。内省が全

面的に非効果的だということではない。ほとんどの人が、誤った方法で内省をしていることが問題なのだ。(注16)

このことを理解するために、内省でおそらくは最もよく使われる問い、「なぜ」について考えてみよう。人々はこの問いを、自らの感情(なぜ私は、従業員Aのことが従業員Bよりもずっと好きなのか)、振る舞い(なぜ私は、あの従業員にカッとなったのか)、あるいは態度(なぜ私は、この取引にこれほど反対するのか)を理解すべく投げかける。

実は、自己認識において、「なぜ」は驚くほど非効果的な問いかけなのだ。(注17)

研究によれば、人は自分の無意識の思考、感情、動機を探ろうとしても、その大部分をそもそも知ることができない。そして、意識上で認識できないものが非常に多いため、人は「真実だと感じられる答え」をつくり出すことがよくあるが、それは往々にして間違っているのだ。(注18)

たとえば、新任のマネジャーが、部下に怒りをぶつけるという、彼女らしからぬ振る舞いをしたとしよう。彼女は自分が管理職に向いていないという結論へと飛躍するかもしれないが、本当の理由は重症の低血糖だったりする。

このため、「なぜ」を自問することの問題は、その答えがいかに間違っているかだけでなく、自分の正しさを過信してしまうところにもある。[注19] 人間の思考が理性的に働くことはまれであり、判断にバイアスが伴わないことは少ない。人は何であれ「洞察」を見出すと、その妥当性や価値を問わずに飛びつきがちだ。相反する証拠を無視し、自分の当初の解釈に沿うように思考を進めようとする。

「なぜ」という自問によるもう一つの弊害は、非生産的なマイナス思考を招くことである。望ましくない出来事について考える時は、特にそうだ。[注20]

私たちの研究を通じ、非常に内省的な人ほど、あれこれ考え込んでしまいがちであることがわかった。たとえば、業績評価が悪かった従業員が「なぜこんなに悪い評価を受けたのだろう」と自問すると、自分の強みと弱みに関する理性的な評価よりも、自分の恐れ、欠陥、不安感に焦点を当てた解釈に至ることが多い（この理由から、頻繁に自己分析する人ほど憂うつや不安に陥りやすく、幸福感が乏しくなる）。[注21]

では、「なぜ」が内省の正しい問いかけでないとしたら、もっとよい問いはあるのだろうか。

私の研究チームは、自己認識度が高い人たちへのインタビューの記録を何百ページも精査し、別の内省方法がないか調べた。そして実際に、明らかな傾向が存在した。「なぜ」（why）という言葉の登場回数は一五〇以下であったが、「何」（what）は一〇〇〇回を上回っていたのだ。

したがって、生産的な自己洞察を増やし、非生産的な堂々めぐりを減らすためには、「なぜ」ではなく「何」を問いかけるべきだ。[注22]「何」という問いは、客観性と未来志向を保つ一助となり、新たな洞察に基づいて行動を起こす後押しとなる。

たとえば、私たちがインタビューしたエンターテインメント業界のベテラン、ホゼについて考えてみよう。

彼は自分の仕事を嫌っていた。多くの人はこの場合、「なぜ自分はこんなに嫌な気持ちになるのだろうか」という思考にはまるところだ。

だが彼は、こう自問した。「自分を嫌な気持ちにさせる状況は何だろうか。そのような状況に共通しているのは何だろうか」。これにより、彼はその仕事ではけっして幸せにならないと気づき、資産管理という分野で、はるかに充実感を持てる新たな仕事に就く勇気を持てた。

同様の例として、カスタマーサービスのリーダーに着任したばかりのロビンは、ある部下から受けたネガティブな意見について理解する必要があった。

彼女は、「なぜ私のことをそんなふうに言ったのか」と自問するのではなく、「よりよい仕事をするために、今後、私が取るべきステップは何だろうか」と問いかけた。これによって両者は、過去の非生産的な部分にばかり着目するのではなく、解決へと歩みを進めることができた。自己認識は一つだけの真実ではない。それは異なる二つの、互いに矛盾さえもする視点の微妙なバランスだ。

最後に、ポールのケースを見てみよう。

彼は、最近買収した事業がもはや立ち行かないことを悟った。最初は、「なぜ立て直すことができなかったのだろう」と自問するばかりだった。だがすぐに、自分を責めることに使う時間とエネルギーの余裕などないと気づく。次に何をすべきか、答えを出さなければならない。

そして、以下のように問い始めた。「我が社の顧客と従業員への影響を最小限に抑える形で前進するためには、何をする必要があるか」。彼は計画を作成し、事業をたたむ過程で関係者にできるだけよい結果をもたらすための、創造的な方法を見出すことができた。

すべてが終わると、彼は経験から学んだことを言葉にしようと自分に課した。彼の出した答えは、将来の同じような過ちを避けるために役立っていると同時に、他の人々にも学びを提供している。(注23)

これらの定性的な知見は、他の研究者による定量的な研究によって裏打ちされている。ある研究のなかで、心理学者のJ・グレゴリー・ヒクソンとウィリアム・スワンはこんな実験をしている。

大学生の集団に対して、彼らの「社交性、好感度、人の関心を引きつける力」に関する評価を実施し、ネガティブなフィードバックを与えた。(注24) 数名に対しては「なぜ」自分がそのような人間なのかを考える時間を与え、残りの学生には自分が「何」か(どのような人間なのか)を考えるよう求めた。

そして、学生にフィードバックの正確性を評価させると、「なぜ」を考えた学生は、自分が知ったこと(ネガティブなフィードバック内容)に対する理由づけと否定に力を注いだ。これに対して「何」を考えた学生は、この新たな情報にもっとオープンで、そこから学ぶ姿勢を示した。ヒクソンとスワンは、いくぶん大胆にこう結論づけている。「なぜ自分はこうなのかを考えることと、自分をまったく省みないこととは、何も違いがないのかもしれない」

＊　＊　＊

前述したすべてを踏まえると、次の結論が導かれる。

リーダーが自己をより明確にとらえるスキルを身につけるには、内面と外面両方の自己認識を高めることを意識し、愛のある批評家からの率直な意見を求め、「なぜ」ではなく「何」を自問すればよい。自分についてより多くを知れば、そこから得られる恩恵も増える。

そして、人はどれほど進歩しようとも、もっと学ぶべきことが常にある。これこそ、自己認識への旅が大いに心躍る理由の一つであろう。

ターシャ・ユーリック（Tasha Eurich）

幹部人材を育成する企業、ザ・ユーリック・グループ プリンシパル。組織心理学者、研究者、著述家。著作は『ニューヨーク・タイムズ』紙のベストセラーリスト入り。著書に『ｉｎｓｉｇｈｔ：いまの自分を正しく知り、仕事と人生を劇的に変える自己認識の力』（英治出版）がある。

研究の概略

私たちの研究の主要なポイントは、以下の通りである。

- 既存の八〇〇件近い科学研究の結果を分析して、過去の研究者による自己認識の定義を理解し、テーマと潮流を明らかにし、これらの調査の限界を特定した。
- 国や業界を越えた数千人に調査を実施、主な意識・態度項目（仕事の満足度、共感、幸福、ストレスなど）が自己認識とどう関係しているのかを検証。また、調査対象者をよく知る人物にもアンケート調査を行い、「自分に関する自己評価」と「他者による評価」の関係を探った。
- 七つの因子からなる、複数評価者による自己認識アセスメントを開発し、有効性を立証した。過去の研究には、強力で十分に立証された包括的な尺度が見当たらなかったためだ。
- 自己認識を大きく向上させた五〇人に対し、掘り下げたインタビューを実施。そこに到達するのに役立った主な行動と、彼らの信念および実践事項について学んだ。インタビューの対象者には、起業家、専門職、企業幹部、そしてフォーチュン10企業のCEOまで含まれる。

インタビューの対象者となるためには、次の四つの関門をクリアしていなければならない。

①当人が、自分の自己認識力はきわめて高いと見なしている（私たちの検証済みのアセスメントを用いて判定）。

②対象者をよく知る人物が、同じアセスメントでそれに同意している。

③人生を通じて自己認識が向上していることを自覚している。各参加者に対し、人生のさまざまな段階から現在までの自己認識度を思い起こしてもらった（例として、青年期：一九〜二四歳、成人期：二五〜三四歳、中年期：三五〜四九歳、熟年期：五〇〜八〇歳）。

④その参加者を評価する他者が、③の回顧に同意している。

・数百人のマネジャーとその部下を対象に調査を実施。リーダーとしての自己認識と部下の意識・態度（労働意欲、上司をどれほど有能と見ているか、仕事の満足度など）の関係を調べた。

本研究の共著者、ヘイリー・M・ウォズニッチ（ロングウッド大学）、フェニックス・バン・ワゴナー（コロラド大学リーズ経営大学院）、エリック・D・ヘゲスタッド（ノースカロライナ大学シャーロット校）、エイプリル・ブロダーセン（メトロポリタン州立大学デンバー校）。ステファニー・ジョンソン博士の貢献に感謝を捧げる。

3

成功者は、いまの自分を形づくったものを知っている

バーニース・スワイン
Bernie Swain

"Successful Leaders Know What Made Them Who They Are,"
HBR.ORG, September 05, 2016.

転機を振り返ってはじめて気づくこと

「あなたは組織のリーダーとしての自分、そして人間としての自分を形づくったものは何だと思いますか。人物、出来事、またはその他の影響要因のなかから、一つ挙げてください」

これは私が過去一〇年にわたり、各界の著名人一〇〇人に問いかけてきた質問である。私はさまざまな業界の第一人者を講演者として派遣する組織「ワシントン・スピーカーズ・ビューロー」の会長を務めており、女性として初めて米国国務長官を務めたマデレーン・オルブライト、ニュースキャスターのトム・ブロコウ、元国務長官コリン・パウエル、アメリカンフットボールの元スター選手テリー・ブラッドショー、国家安全保障問題担当大統領補佐官と国務長官を歴任したコンドリーザ・ライスなどの、そうそうたる顔ぶれにこの質問を投げかけてきた。

彼らが自分の人生のターニングポイント――やる気と刺激を与えてくれた決定的瞬間と影響要因――は何だと考えているかを知りたかったからである。

自分の成功の土台が形成された瞬間がわかれば、自身の潜在力をフルに発揮できるようになり、情熱を燃やせるものが理解でき、よりよいリーダーになれる。

私にとっての決定的瞬間は、自分は宮仕えが向かないタイプの人間だと悟った時である。皮肉なことに、私がこの気づきを得たのは、自分の理想にぴったりの仕事のオファーが舞い込む直前だった（いただいたオファーは結局断り、自分で事業を興した）。

こうして自分のこんな性分に気づいたおかげで、先が読めない時期にあっても成功したいという意思を強く持ち、正しい道を進んでいると自分を励まして、モチベーションを保ち続けることができたのである。

どんな人にもこのような出来事がある。来し方を少し振り返ってみれば、たいていはそのような転機となった出来事を思い出せるはずである。私が話を聞いた方たちが挙げたターニングポイントはおおむね、次の三つのタイプのいずれかであった。

ターニングポイント①「人」

回答してくれた人の四九％が、自分の人生に多大な影響を及ぼした、唯一かつ最大の要因として「人」を挙げている。

元米国国務長官のマデレーン・オルブライトにとって、それは父親だった。彼女の父は幅広い知性を持った真面目な人物である。チェコスロバキアの外交官を務めていたが、外交官として積んできたキャリアが第二次世界大戦中のドイツ軍によるチェコスロバキア占領と戦後の共産党体制の確立により、二度途絶してしまう。

やがて一家は米国に移住した。そしてオルブライトの父は大学教授の仕事を得て、狭い大学教職員用宿舎に居を定める。その家はそれまで住んでいた大使公邸と比べると格段に質素な住居だったが、父は明るく勤勉な態度で仕事に取り組んでいたという。

オルブライトにとって国務長官の仕事は大変ではあったが、仕事に対する集中力が揺らぐことはなかった。「所狭しと物が置かれた地下室を書斎にした室内で、足をレンガの上に載せて仕事に没頭する父の姿を思い浮かべれば、すぐに仕事に集中できました」と彼女は語った。

ニュースキャスターのトム・ブロコウは、高校時代、生徒会長を務めながら三種のスポーツをこなすアスリートとして活躍していたが、大学進学後は二回の中退を経験したという。そんな彼に転機をもたらしてくれた恩人は、厳格で思いやりあふれた政治学の教授だった。

伝説的なバスケットボールのコーチ、マイク・シャシェフスキーにとって、ターニングポイントを与えてくれた人物は母親である。学校教育は中学までしか受けていなかった母がいつも息子に語っていた「良い人ばかりが乗っている正しいバスに乗りなさい」という素朴なアドバイスが、「コーチK」の愛称で全米に知られるシャシェフスキーの人生とキャリアを支える道徳観の柱となった。

ターニングポイント②「出来事」

回答者一〇〇人のうち四〇人が、人生のターニングポイントとして何かしらの「出来事」(失敗、けが、誰かの死など)を挙げている。

元米国国労働長官のロバート・ライシュの人格形成に大きな影響を与えた最初の要因は「身長が低かったこと」である。「私の身長は一五〇センチほどしかありません。幼い頃からずっとチビでした」とライシュは回想する。幼稚園時代から身長のことでからかわれ、いじめられてきたライシュは、いつしか自分を守ってくれる体格のよい仲間を見つける術を覚えた。彼を守ってくれた大柄な仲間のなかに、マイケル・シュワーナーという年上の子がいた。マイケルはその数年後に公民権運動に身を投じ、同志たちとともにミシシッピ州ネショバ郡でクー・クラックス・クランの構成員に殺害されてしまう。この事件は全米を揺るがし、高校を卒業したばかりのライシュを震撼させた。

この事件が契機となり、彼は公益と社会正義の追求に一生を捧げる決意をした。カリフォルニア大学バークレー校で教授を務めるライシュは、「ミッキーは私を守ってくれました」と当時を振り返り、「ですから、私には他の人たちを守る責任があると思っています」と述懐した。

反抗的な問題児としてならした学生時代のトニー・ブレアにとって、父が脳卒中で倒れたことが転機になったという。ブレアの父は当時、政治家として着々と地歩を固めつつあった。ところが、その洋々たる前途が脳卒中によって中断されてしまう。この出来事が息子のなかの自制心と勤勉さを呼び覚ました。この二つの特性がやがて、トニー・ブレアを英国の首相の座まで導くことになった。

世界展開するアメリカンスタイルのクッキーチェーン「ミセス・フィールズ」の創始者デビ・フィールズの場合、成功にかける意欲と情熱に火を点けたのは、ある社会福祉主事の無礼な行為だった。その主事は、フィールズが会話中に間違った言葉を使ったからという理由で、フィールズの膝の上に辞書を投げつけたのである。

ターニングポイント③「環境」

回答者中一五人が、人生における最大の影響要因として「環境」を挙げている。

元米国国務長官のコンドリーザ・ライスが最も大きな影響を受けた要因は、一族に受け継がれてきた読書と教育を大切にする価値観だった。この価値観は、アラバマの綿花農場で奴隷として働きつつ読み方を習得した父方の曾祖母、ジュリア・ヘッドから受け継がれたものである。

ライスの祖父は、一八九二年に、ジュリアと小作人だった夫の子として生まれ、強い意思を貫いて大学へ進学し、卒業後はプレスビテリアン派の牧師になった人物である。この祖父がある日、金箔をあしらった革表紙の立派な本を六冊家に持ち帰ってきた。いずれもシェイクスピア、ヴィクトル・ユーゴーの著作をはじめとする名作で、一冊九〇ドルという、当時としては目が飛び出るほど高価な本だったという。

「家に本を置いておくことが大切だと祖父は信じていました」とライスは語り、「祖父はまた、子どもたちにその本を読ませることが何よりも大切だと考えていました」と回想した。ライスの父は修士号を二つ取得し、その妹である伯母はビクトリア朝時代の英文学を専攻し博士号を取得している。

そして、ライスが一九八一年に政治学の博士課程を修了した時に、祖父が買った革表紙の本のうち、家に残っていた五冊を父からプレゼントされた。その五冊はいまも、ライスの自宅のマントルピースの上に並んでいる。

政治評論家のクリス・マシューズにとっての最大の転機となったのは、平和部隊の一員としてスワジランド王国で活動したことだった。それまでは学者を志していた彼が、この経験を通じて政治とジャーナリズムの世界でのキャリアを志すようになったという。

コリン・パウエルにずっと影響を与え続けたのは、ニューヨークのサウス・ブロンクス地区にあるバナナケリーという町である。彼はこの町で愛情深い家族に囲まれながら、さまざまな国の言葉が飛び交う、勤勉な人々の暮らすコミュニティの一員として育った。「私が成功できたのは、ひとえにバナナケリーのおかげです」とパウエルは述懐する。

すぐに思い出せなくても、必ずきっかけはある

成功したリーダーたちは自分のことを知っている——これが、過去三六年にわたって私が世界で最も大きな成功を収めた人々とともに働き、話した経験を通じて得た最大の教訓である。

ただし、コリン・パウエルやマデレーン・オルブライトのように、人生において転機になったことをすぐに思い出して識別できる人たちがいる一方で、自分にとって何がターニングポイントとなったかがすぐにわからない人たちもいる。

アメリカンフットボールの元スター選手、テリー・ブラッドショーの場合、人生のターニングポイントを割り出す会話が進むにつれてますますわからなくなり、結局、三回に分けて話を聞いた末に、ようやく特定することができた。

ＮＦＬのドラフト会議でピッツバーグ・スティーラーズから一位指名を受けて入団した当時のブラッドショーは、コーチのアドバイスにほとんど耳を貸さなかったし、練習にも真面目に参加しなかった。さらに南部の田舎町出身の若者だった彼は、内心では北部の大都市での生活になじめていないことを悟られたくないがために、虚勢を張るような態度を取っていた。

しかし負け試合が続き、観客席からヤジが降り注ぐようになると、「人の思惑など気にせず、やりたいようにやる若者」を演じることが難しくなっていく。

そんなある日の夜、彼はアパートの部屋で泣き崩れ、神に祈った。その時、「現実と向き合いなさい」と告げるやさしい声が聞こえたという。「その次の日に俺は練習に行ったんだ」とブラッドショーは回想し、「そして態度を改め始めた」と語った。

その後、ブラッドショーは目覚ましい活躍を見せるようになる。スーパーボウルでチームを四回優勝に導いたクォーターバックは史上四人しかいないが、ブラッドショーはその一人になったのである。

＊　＊　＊

大きな成功を手にした人たちは、正しい行動を告げてくれる良心があり、そうした良心の声に耳を傾けている。彼らは自分の人生における決定的な瞬間が何だったかを知っており、そのおかげで自身のリーダーとしての強み、偏り、弱みをより的確に理解できている。

そうした理解がエネルギーや情熱が湧き出す深い泉となり、彼らを生涯にわたって潤しているのである。

私たちのキャリアは、インタビューに答えてくれた著名人一〇〇人の業績に匹敵するほど輝かしいものではないかもしれない。それでも、彼らが見せてくれた人生とキャリアにおけるターニングポイントを把握して活用する能力は、誰もが身につけることができる。

バーニース・スワイン（Bernie Swain）
ワシントン・スピーカーズ・ビューロー会長。著書に *What Made Me Who I Am* がある。

Harvard Business Review
Emotional Intelligence SELF-AWARENESS

4

「仕事にしたい好きなこと」を見つける二つの方法

ロバート・スティーブン・カプラン
Robert Steven Kaplan

"Your Professional Passions,"
HBR.ORG, March 30, 2015.

知的能力やスキルだけでは、成長は頭打ちとなる

お気づきかもしれないが、ものすごく仕事ができる人は、たいてい、自分の仕事が好きだと語るものだ。こうした人たちに素晴らしい仕事人生を送る秘訣を尋ねたら、おそらく「仕事ができるようになるには、自分がやっていることを愛さなければならない」といったアドバイスが返ってくるだろう。長期的な視野を持ち、自分の選んだキャリアを情熱的に追い求めることが絶対に必要だと教えてくれるはずである。

非常に有能な職業人を調べた膨大な数の調査により、与えられた任務に強い信念を持って臨み、仕事を楽しんでいることと、仕事で高い能力を発揮することの間には強い相関関係があることが明らかになっている。

それなのに、自分が好きなことをそのまま仕事にするべきだという意見に懐疑的な人が多いのはなぜだろうか。自分が好きで情熱を注げることを見極め、それを実現可能なキャリアの道につなげていくことがなかなかできない人が目立つのはどうしてなのか。

幸福で満たされた生活を送っているように見える人が、好きなことを仕事にすべきだと語る

のを聞いた時、多くの人が「そりゃそう言うでしょうね。あなたは成功したんですから。私のような普通の人間は、その助言に従うのは難しいんですよ」といった感想を抱くはずだ。

しかし、そう考える人たちには、ちゃんと理解できていないことがある。それは、彼らが最終的に成功できた大きな要因の一つが、自分が好きで情熱を注げることを仕事に結びつけたことだという事実である。

好きになるには、心がわくわくすることが必要だ。好きなこととは、頭で考えて好ましいと思うものではなく、心が喜ぶことである。心が喜ぶことはとても重要だ。潜在力をフルに発揮するには、心と頭の両方を働かせなければならないからである。私の経験から言うと、知的能力とスキルだけではある程度までは成長できても、そこで頭打ちになる。

才能の有無や多寡にかかわらず、どんな人にも苦しい日や月や年がある。無能な上司に当たる時期もあるし、弱気になって何もかも投げ出したくなる時もある。このような厳しい時期を乗り越えさせてくれるものは何だろうか。それは、「好き」という気持ちである。その気持ちこそ、数々の困難を乗り越え、暗澹とする日々にもあきらめないで進み続けるために欠かせないガソリンだ。

好きという気持ちを生み出すのは、正しいことをやっているという信念と、その仕事をしている時に感じる楽しさである。好きという気持ちがあれば、努力を重ねて技術を磨き、苦しい時期を乗り越え、自分の仕事や人生に意味を見出すことができるのだ。

社会人歴が長い人たちと話す際には、その人が果たさなければならない経済的な義務や地域での役割、友人や家族や愛する人たちの期待などをないものとして考えるよう促さなければならないことが多い。自分が好きで情熱を注げることがなかなかわからない人が、特にミッドキャリア期にある専門職従事者の間で目立つ。

たいていの場合その原因は、転職またはキャリアチェンジを行うことによる「破損コスト」があまりにも大きく感じられるため、そんなことは考える価値もないと彼らが考えていることにある。そのため、自分のやっていることが好きかどうかを深く考えないようにしているのである。

ミッドキャリア期にある人の多くは、キャリアが停滞期に入って危機感を抱き始めていたり、今後のキャリアに対する期待が低下したりしている。このような停滞期は、自分の仕事が好きではないために生じていることが多い。仕事の性質が変わったことや、世界が変化したことや、仕事の任務や課題にもう情熱をかき立てられなくなったことが原因かもしれない。

あるいは、何も変化していないが、自分自身が変わったというケースもある。とにかく自分の人生と仕事にもっと意味を見出したいと思うようになった人たちである。

心から好きなこと、おもしろいと思えることを見つけるために

当然ながら、これらの問題を完全に解決することは絶対に不可能である。関わっている要素が多すぎて、すべてをコントロールすることができないからだ。重要なのは自己を認識すること――セルフ・アウェアネス――である。

しかし自己認識は難しい。職場で現役として働いている間は、ほとんど毎日が慌ただしく過ぎていくからである。現役時代に限らず、人生は慌ただしいものだ。しかも、悲しいことに、人間は未来を予測することができない。そのため、内省する時間など取っている暇はないと思いがちである。そんななか、こうした問題について考えるにはどうすればよいだろうか。

そのために、いくつかエクササイズをやってみることをお勧めしたい。これにより自己認識

が深まり、自分が好きなことがもっとわかるようになる可能性がある。以下に紹介するエクササイズは、自分が心からおもしろいと思えて楽しめる課題や、物事にもっと目を向けて意識するきっかけも与えてくれる。

エクササイズ① ベストの自分

このエクササイズでは、あなたが最善の状態にあった時期を思い出してもらう。たとえば、活気に満ちていた時や、素晴らしい仕事ができて働くことを心から楽しんでいた時や、その時やっていたことを愛していて、かなり良い評価をもらっていた時はいつだろうか。そんな状況を思い出して、詳しい内容を書き出す。

何をしていたか。どのような仕事をこなしていたのか。その時の環境、任務、あなたがもたらしていた影響の内容の重要な要素は何だったのか。当時、あなたには上司がいたのか、それとも自分で決めて動いていたのか――。

ひとまず、おおまかな全体像を書き出してほしい。あなたはその時にやっていたことの何が好きだったのか。その時期が楽しかった理由と、あなたが輝けた要因は何だろうか。

こうした状況を思い出すまでには、多少時間がかかるのが普通である。経験がないから回想できないのではない。自分自身が最善の状態にあり、自分のやっていたことを楽しんでいた時期のことを考える習慣を失ってしまったから思い出せないだけだ。

その時の状況をおおまかに書き出したら、その記憶から学べることは何か考えてみよう。あなたが当時感じていた楽しさ、重要な環境要因、楽しかった仕事のタイプなどを洞察して、気づいたことは何だろうか。思い出したことを手がかりに、いまのあなたが楽しめそうなことを考えてみよう。あなたの頭に浮かんだ考えを書き出してみてほしい。

エクササイズ② メンタルモデル

自分の願望や好きなことについて考えるために、メンタルモデルを使うというやり方もある。メンタルモデルは、「もし……としたら」という形で提示された仮説に対し、あなたならどうするかをイメージして、そうする理由も考えて答えるエクササイズである。以下にメンタルモデルの例をいくつか挙げてみよう。

- あなたの余命が一年しかないとしたら、どのように過ごしたいと思うか。その答えから、自分が好きなことや情熱を注げることについて、何がわかるだろうか。
- 自分が好きなことを何でもできるだけの資金力があるとしたら、あなたはどんな仕事またはキャリアを目指したいと思うだろうか。
- 自分が将来、選んだキャリアで大成功することが決まっているとすれば、いまあなたが就きたい仕事は何だろうか。
- あなたが我が子や孫たちに、自分の仕事人生の功績として話して聞かせたいことは何か。自分が選んだキャリアを、彼らにどのように説明したいと思うか。
- あなたが他人の立場で自分にアドバイスするとすれば、キャリア選びについてどんな提案をすると思うか。

以上に挙げたメンタルモデルは少々馬鹿げていたり、こっけいに見えたりするかもしれないが、ぜひ時間を取って、自分の場合はどうなるか考えて設問に答え、回答を書き出していただきたい。

このエクササイズからどれほどのことが学べるかわかった時、あなたはきっと驚くはずである。どのメンタルモデルも、あなたが他人の考えについて抱いている恐怖心、不安、心配を手放し、自分が心から信じて望んでいることに目を向ける助けになってくれるだろう。

＊　＊　＊

自分の潜在力をフルに発揮するためには、好きという気持ちが不可欠だ。自分が好きなことにつながりたいなら、いま抱いている恐怖心や不安から心を離し、自分の希望や夢をもっと意識すべきではないだろうか。

あなたがこれから取るべき行動や自分の夢が現実的か否かを、すぐに決める必要はない。ここで行うことはある意味、ブレインストーミングに似ている。つまり、出てきたいろいろなアイデアを、検討する前に排除しないことが大切だ。

ここでも、「どのようにやるか」を心配する前に、まずは「何をやるか」に焦点を当てるようにしてほしい。これらのエクササイズは、何よりも自己認識のために行うものだ。自分の探しているものが何かわかれば、さまざまなチャンスに気づくようになる。エクササイズ前と後のチャンスの見え方の違いは、思わず動揺するほどである。

ロバート・スティーブン・カプラン（Robert Steven Kaplan）

ダラス連邦準備銀行頭取兼CEO。元ハーバード・ビジネススクールの渉外担当副学部長であり、経営管理手法を専門とするマーティン・マーシャルの教授を務めていた。著書に『ハーバードのリーダーシップ講義』『ハーバードの自分を知る技術』『ハーバードの〝正しい疑問〟を持つ技術』（すべてCCCメディアハウス）がある。

本稿は『ハーバードの自分を知る技術』（CCCメディアハウス）の翻案である。

5

ネガティブな感情をコントロールする方法

スーザン・デイビッド
Susan David
クリスティーナ・コングルトン
Christina Congleton

"Emotional Agility,"
HBR, November 2013.

セルフマネジメントは、あだにもなる

私たちが一日に口にする言葉は、平均一万六〇〇〇語に及ぶ。それでは、発話されないまま頭のなかを駆けめぐる言葉は、どれほどに達するのだろうか。

その多くは事実ではなく、感情絡みの評価や意見である。肯定的で有益なもの（「私はよく頑張ったから、このプレゼンはうまくいくだろう」「この問題は取り上げる価値がある」「新しいバイスプレジデントは気さくな人のようだ」）もあれば、否定的であまり役立ちそうにないものもある（「彼はわざと私を無視している」「笑い物にされそうだ」「私はペテン師だ」）。

社会通念上、やっかいな考えや感情は職場では排除すべきものとされている。経営幹部、とりわけリーダーは感情を表に出さず平然としているか、明るく振る舞うかしなければならない。自信をみなぎらせ、胸の内に湧き起こるいかなる否定的思考や感情も振り払うべきなのである。

しかし、これは人間の本質に反することだ。健全な人間なら、誰でも胸の内でさまざまな考えや感情が生まれるし、批判や疑念、不安も生じる。これは単に、私たちの心が本来の機能を果たそうとしているだけである。つまり、先を見通し、問題を解決し、落とし穴となりそうな

ものを避けようとしているのだ。

私たちを含め、人材戦略コンサルティングを手がける世界中の企業は、リーダーがつまずく理由を、望ましくない考えや感情を「持っている」からだとは考えない（それは避けられないことだ）。むしろ、まるで釣り針に引っかかった魚のように、そうした考えや感情にがんじがらめになるから失敗するのである。

こうなる経緯には二つある。一つは浮かんできた考えを鵜呑みにし、事実であるかのように扱い（「前職の時と同じだ。キャリア人生を通して失敗ばかりだった」）、その思いを甦らせる状況を避けようとする（「あの新しい課題はけっして引き受けまい」）。

二つ目は、たいていは自分を肯定する人たちの意見を受けて、そうした考え自体を問題視し、理屈でそれを打ち消そうとする（「こんなふうに考えるべきではない。私が完全な落伍者でないことはわかっている」）。そして、たとえ自分の基本的な価値観や目標に反していたとしても、大方はつまずきそうな状況へと自分を追いやる（「あの新しい仕事を引き受けよう。これは乗り越えないといけない」）。いずれの場合も、内なる声に耳を傾けすぎて、もっと有効に活用できるはずの大切な認知資源をみすみす無駄にしている。

これは一般的な問題であり、よく知られるセルフマネジメント戦略のせいで慢性化していることが多い。私たちは日頃から、仕事上で感情的問題を抱える経営幹部と会う機会がある。彼らは優先順位について思い悩み、他者の成功に嫉妬し、拒絶されることを恐れ、批判を嗅ぎ取っては気に病む。そして、これらに対する「対処法」を編み出している。

たとえば、肯定的なことを繰り返し唱えるというアファメーションを実践したり、「やることリスト」で優先順位をつけたり、特定の業務に没頭したりする。しかし、そのようなやっかいな問題をどのくらい長く引きずってきたかと尋ねると、一〇年、二〇年、あるいは子どもの頃から、といった答えが返ってくる。

こうした対処法が機能していないのは明らかである。実際、考えや感情を抑制したり、無視したりしようとすれば、逆に増幅させるだけだと示す研究結果は豊富にある。

たとえば、ハーバード大学の教授だったダニエル・ウェグナーが中心となって行った有名な実験がある。被験者はシロクマについて考えないようにと指示されるのだが、そのせいでシロクマのことがどうしても頭から離れなくなる。その後、その指示が解除されても、被験者は比較対象のためのコントロールグループよりも、はるかにシロクマについてあれこれ考えていたのである。厳しいダイエット中にチョコレートケーキやフライドポテトを夢見たことがある人なら、この現象を理解できるだろう。

優れたリーダーたちは、自分の内側で起きていることを鵜呑みにしたり押し殺そうとしたりすることはない。むしろそれらに気を配り、自分の価値観に基づいた生産的な方法で向き合う。すなわち、私たちが呼ぶところの「感情の敏捷性」(Emotional Agility)(注1)を養っているのだ。

複雑で移り変わりの激しい今日の知識経済において、自分の思考や感情を御する能力はビジネスで成功するために欠かせない。ロンドン大学のフランク・ボンド教授らの研究をはじめとする数多くの研究で、感情の敏捷性がストレスの軽減やミスの抑制、創造性の発揮、職務上の業績向上に一役買うことが示されている。

私たちは幅広い業界のリーダーたちと、この不可欠なスキルを培うための取り組みを行ってきた。その際に活用した四つの演習を紹介しよう。これはネバダ大学の心理学者、スティーブン・C・ヘイズが最初に考案した認知行動療法「アクセプタンス・コミットメント・セラピー」(ACT)(注2)に基づくもので、自分のパターンを認識する、考えや感情に名前をつける、それらを受け入れる、自分の価値観に基づいて行動することを目指している。

優秀な人でも陥りやすい負のサイクル

まず二つの事例を見てみたい。シンシアは企業内弁護士で幼い子どもが二人いる。職場でも家庭でも、逃した機会に対して強い罪悪感に駆られるのが常だった。職場では、同僚が週八〇時間働いているのに、彼女の勤務時間は週五〇時間。家庭では、他のことに気を取られたり疲れ切っていたりと、夫や子どもとしっかり向き合えずにいる。彼女の頭のなかでは「社員としてもっとしっかりしないと、キャリアを台なしにしかねない」という声がささやき続ける一方、「もっといい母親にならなければ、家庭を顧みないことになる」という別の声もつきまとう。

シンシアは、せめてどちらか一方の声には黙っていてほしいと思っていた。だが、どちらの声も居座り続けた結果、彼女は職場でやりがいのある新企画が持ち上がった時に手を挙げることができず、家族と夕食を取る間も携帯電話でメールを確認せずにはいられなくなった。

もう一例、大手消費財メーカーの成長株の経営幹部であるジェフリーは別の問題を抱えていた。聡明かつ有能で野心家の彼は、自分の意見を顧みない上司、自分の指示に従わない部下、自らの職務を果たさない同僚に対して、いきり立つことがよくあった。仕事でも何度か激高したことがあり、自制するよう注意されていた。だが、そうしようとすると、自我の本質的部分を押し殺しているように感じられ、いっそう怒りが込み上げ、取り乱してしまうのだった。

頭がよく、成功を収めているこの二人のリーダーは、自分の否定的な考えや感情にとらわれてしまった。シンシアは罪悪感にさいなまれ、ジェフリーは怒りをこらえ切れない。シンシアは頭のなかの声を振り払おうとし、ジェフリーはいら立ちを封じ込めようとした。二人とも、自分が感じている苦痛から逃れようとしていたのだ。内面で起きていることを制御しようとしたり、相反する二つの思いの間を行ったり来たりするうちに、自らの思いに絡め取られていたのである。

自分の考えや感情から自由になる

シンシアもジェフリーも幸いなことに、内面に対してより効果的な戦略を取らなければやっていけない、少なくとも成果を上げ幸せを感じることはできないことに気づいた。そこで私たちは、四つのことを実践してみるようコーチングした。

①自分のパターンに気づく

感情の敏捷性を養う第一段階は、内なる考えや感情にとらわれたら、それに気づくことである。これは難しいが、すぐにわかる手がかりがある。一つは思考が硬直的になり、堂々めぐりすることだ。たとえば、シンシアは自責の念に駆られると、壊れたレコードのように何度も同じメッセージが繰り返されることに気づいた。また、自分の思考が繰り返し語る内容に覚えがあり、まるで過去の経験が甦ったかのように感じられたのだ。

ジェフリーは、特定の同僚に対する自分の受け止め方（「彼は無能だ」「あんな口の利き方は誰であろうと断じて許さない」）がしみついていることに気づいた。実のところ、前職でも、その前の仕事でも、同じようなことを経験していた。トラブルの原因は彼の周囲にあっただけでなく、彼自身の思考や感情のパターンにもあったのだ。何かを変えようとする前に、自分が袋小路に迷い込んでいることに気づかなければならない。

②自分の考えや感情に名前をつける

自分の考えや感情にとらわれると、それにばかり気を取られて頭がいっぱいになる。その考えや感情を吟味する余裕がなくなってしまうのだ。自分の置かれている状況をより客観的に検討するための一つの戦略として、名前をつけるというシンプルな作業が役立つかもしれない。スペードを「スペード」と呼ぶように、湧き上がってきた考えを「考え」、感情を「感情」と名づけるのである。

たとえば、「私は職場でも家庭でも中途半端なことしかしていない」という思いは、「私は職場でも家庭でも中途半端なことしかしていないという考えを持っている」となる。同様に、「同僚が間違っている。彼には頭にくる」という思いが込み上げてきたら、「私は同僚が間違っているという考えを持ち、怒りを感じている」とする。名前をつけることで、自分の考えや感情が、ありのままにとらえられるようになる。つまり、今後役に立つかどうかはわからない一時的なデータソースとなる。

人間は心理的に、個人的な経験をこのように俯瞰して見ることができる。また、簡単でわかりやすい、このマインドフルネスの実践によって、行動や心の健全性が改善されるだけでなく、脳や細胞レベルで生理的に有益な変化が促されることを示す科学的データが次第に増えている。シンシアは少しペースを落として、自分の考えに名前をつけ始めるにつれ、濃霧のように彼女を包み込んでいた批判的な思いが、青空を通りすぎる雲に近いものへと変わっていった。

③自分の考えや感情を受け入れる

制御の反対は受容である。あらゆる考えに逐一反応したり、否定的な思いに甘んじたりせずに、自分の考えや気持ちに心を開いて向き合い、注意を向け、それを味わうようにする。ゆったりと深呼吸を一〇回繰り返し、その瞬間に起きていることに注目するとよい。

こうすることで気持ちは楽になるが、必ずしも満足感が得られるとは限らない。それどころか、いかに自分が取り乱しているかを身にしみて感じることもあるだろう。大事なのは、自分自身（そして他者）に思いやりの気持ちを示し、現状が実際にどうなっているかを吟味することである。自分の内と外で、何が起きているのだろうか。

ジェフリーは、自分のいら立ちや怒りをはねつけたり抑え込んだり、他人に八つ当たりするのではなく、そうした感情を認め、余裕を持つようにし始めると、感情の持つエネルギーの属性に気づくようになった。

こうした感情が湧くのは、何か大切なことが危機に晒《さら》されているので、建設的な行動を取らなければならないと知らせるシグナルだった。それがわかれば、人に対して声を荒げる代わりに、同僚にはっきりと何かを頼んだり、緊急課題に迅速な行動を取ったりできるようになる。ジェフリーが自分の怒りを受け入れ、好奇心を向けるようになればなるほど、彼のリーダーシップは蝕まれるよりも、支えを得たようだった。

④価値観に基づいて行動する

やっかいな考えや感情から解放されると、選択肢が広がる。自分の価値観に即して行動することを決められるようになるのだ。

私たちはリーダーたちに、実効可能性（Workability）という概念に注目することを勧めている。あなたの対応は、あなた自身やあなたの組織に長期的にも短期的にもメリットをもたらすか。それは、全体的な目的を前進させる方向に人々を導くうえで助けになるか。あなたは、何よりもなりたかったリーダーや、何よりも送りたいと思っていた人生に向かって前進しているだろうか。

頭のなかで思考は絶えず流れ、気持ちは天気のように移り変わる。だが、価値観はいついかなる状況でも指針とすることができる。

シンシアは自身の価値観に鑑みると、自分が家庭と仕事の両方にいかにひたむきに取り組んでいるかに気づいた。子どもたちと一緒に過ごす時間を愛おしく感じるのと同じように、正義の追求にも情熱を感じていた。心をかき乱し、気を滅入らせる罪悪感から解放された彼女は、自らの理念に従って行動しようと決意した。

彼女は毎晩、自宅で家族と一緒に夕食を取り、その間は仕事で中断させないことがどれほど大切かを、あらためて認識した。同時に、たとえ出席したいと考えていた学校行事と仕事のスケジュールが重なったとしても、重要な出張はいくらか引き受けるようにした。シンシアは感情だけで判断しているのではなく、価値観にも従っているという自信を得て、ついに心の平安と充足感を手に入れることができたのである。

＊　＊　＊

やっかいな考えや感情を遮断することは不可能である。優れたリーダーたちは、内側で起きていることに気づいているが、それにとらわれてはいない。彼らは内なる資源を解き放つ術を心得ており、自身の価値観に即した行動に全力を傾けている。

感情の敏捷性を養ったとしても、それは即効薬ではない。シンシアとジェフリーのように本稿で説明したステップを日常的に実践したとしても、自分の考えにとらわれていると気づくことが多々ある。しかし時間とともに、徐々にこのやり方になじむようになったリーダーこそが、最大の成果を上げられるだろう。

スーザン・デイビッド（Susan David）
人材育成に特化したコンサルティング会社、エビデンス・ベースト・サイコロジーCEO。インスティテュート・オブ・コーチングの共同設立者であり、ハーバード大学で心理学講師も務める。著書に『ハーバード流こころのマネジメント—予測不能の人生を思い通りに生きる方法』（ダイヤモンド社）がある。

クリスティーナ・コングルトン（Christina Congleton）
デンバー大学心理学部 研究コーディネーター兼認定インテグラル・コーチ。エビデンス・ベースト・サイコロジー研究員（執筆当時）。過去にはマサチューセッツ総合病院でマインドフルネスと脳に関する研究に従事。

自分の価値観の棚卸し

このリストはニューメキシコ大学のW・R・ミラー、J・シー・ドゥ・バカ、D・B・マシューズ、P・L・ウィルボーンが考案した「パーソナル・バリュー・カード・ソート」（二〇〇一）を下敷きにしている。これを使って自分の抱いている価値観を素早く洗い出しておけば、仕事で遭遇する困難な状況において参考になるだろう。今後、何かを決める際には、ここで選び出した価値観と自分の決断がかみ合っているかどうかを自問するとよい。

正確さ　達成　冒険　権限　自主性　配慮　挑戦　変革　快適さ　思いやり　貢献　協力　礼儀
創造性　信頼性　義務　家族　許容　友情　楽しさ　寛大さ　誠実　成長　健康　助力　正直
謙虚さ　ユーモア　正義　知識　余暇　熟達　中庸　非同調　寛容さ　秩序　情熱　人気　権力
パーパス　理性　現実主義　責任　リスク　安全　自己認識　奉仕　簡素　安定　忍耐　伝統　富

6

たとえ苦痛でも、内省の時間を取るべき理由

ジェニファー・ポーター
Jennifer Porter

"Why You Should Make Time for Self-Reflection (Even if You Hate Doing It),"
HBR.ORG, March 21, 2017.

リーダーはなぜ、内省したがらないのか

なぜ自己内省をするべきなのか——その答えは意外なものだ。コーチングが最も難しいリーダーは、内省したがらない人たち、特に自己内省をしようとしない人たちだからである。

「内省」の意味を最も端的に言えば「じっくり考えること」だ。しかし、リーダーにとって本当に役立つ内省は、それ以外にも、さまざまな意味合いを持っている。最も有用な内省には、学習という目的のために、自分自身の思い込みや行動を意識的に検討することが必要になる。

内省は脳に、混沌とした状況のなかでしばし立ち止まる機会を与える。脳はこの機会を利用して、観察したことや経験したことを整理して分類し、可能な複数の解釈を検討し、意味づけを行う。こうした意味が学習として定着し、今後の物の見方や行動を左右するようになる。リーダーにとって、こうした「意味づけ」は、自身の継続的な成長と能力開発を図るために不可欠なものだ。

ジアーダ・ディ・ステファノ、フランチェスカ・ジーノ、ゲイリー・ピサノ、ブラッドリー・スターツが複数のコールセンターを対象に行った調査によると、一日の終わりに一五分

間、その日に得た教訓を振り返る作業を続けた従業員のグループは、しなかったグループに比べて一〇日後のパフォーマンスが二三％高かったという。(注1)

通勤者を対象とした英国のある調査でも同様の結果が出ている。その調査では、通勤時間を利用してその日のことを考えて計画を立てるよう指示された通勤者のグループは、そうでないグループより幸福感と生産性が高く、疲弊感が少ないことが明らかになった。(注2)

内省がこれほど役立つのなら、なぜ多くのリーダーが実践していないのだろうか。その理由としてよくあるものを挙げてみよう。

内省というプロセスを理解していないから

多くのリーダーが内省のやり方を知らない。たとえば私のクライアントで、ある企業で上級幹部を務めるケンもそうだ。彼はこのところ、日曜の朝に一時間、内省することを目標にしているが、まだ一度しか実践できていないという。

この状況を打開するため、私は次の二時間のセッションでは、まず三〇分間ただ静かに内省してから、その内容について話し合おうと提案した。すると彼は五分ほど黙ってから、次のように答えたのである。
「あなたが求めていることが、私には具体的に理解できていないようです。おそらくそれこそが、いままで内省をできなかった理由なのでしょう」

内省という行為が嫌いだから

内省をする時には、普段ならリーダーがやりたがらないことをたくさんやらなければならない。たとえばペースダウンすること、さまざまな事柄を未知のものとして見て好奇心を持つ態度を身につけること、雑然とした状態や非効率性を許容すること、物事の責任が自分にあると認めることなどである。

内省というプロセスにより、貴重な発見を得たり、時には突破口を開いたりすることができる。しかし一方で、不安、心細さ、保身、いら立ちなどの感情が生まれることもあるのだ。

内省がもたらす結果が嫌だから

リーダーが時間をつくって内省した時にはおおむね、自分がうまくできたことと、もう少しうまくやるべきだったことが思い浮かぶ。ほとんどのリーダーは、自分の良い所が頭に浮かぶとすぐさま否定し、悪い所を思い出して嫌な気持ちになる。

内省の最中に自己保身に走り、何も学べないリーダーもいる。その結果、内省から有用な成果を得られなくなってしまう。

動くことを重視する姿勢が身についているから

サッカーのゴールキーパーと同じように、リーダーの多くが「動くこと」に重きを置いている。プロサッカーリーグでペナルティキックからゴールを守るキーパーを対象に行われた調査によると、キーパーが右や左にジャンプせず真ん中に留まっていれば、三三%の確率でゴールを防御できるが、実際には、キーパーがゴールの真ん中に留まっていたのは、試合時間の六%だったという。要するに、キーパーたちは「何かしている」ほうが気分がいいから動いているのだ。

多くのリーダーについても、まさに同じことが言える。内省をすると、ゴールの中心に留まるのと同様、やるべきことをやっていない気がしてしまうのだろう。

大きなROIが実感できないから

リーダーたちはキャリアの早い段階から、プラスのROIが得られる対象に投資せよ、とたたき込まれる。プラスのROIとは、投じた時間、人材、資金に見合う成果が得られたことを示す結果を言う。

内省の場合、そのROIを直ちに実感できないことがある。特にリーダーの時間を充てる他の用途と比べると、内省のROIは実感しにくい。

内省を始めやすくするコツ

自分も以上のような言い訳をして内省から逃げていると思い当たった人は、以下の簡単な手順を参考にするとよい。内省しやすくなる可能性がある。

自分に問いかけたい重要な質問を考える

質問の例は以下の通り。ただ、この段階ではまだ、質問に回答しないようにする。

・私は何から逃げようとしているのか。
・同僚たちの目標の達成を、私はどのように助けているか。
・同僚たちの業務の進捗に対して、私がまったく役立っていない部分や、妨げにさえなっている部分はどのようなものか。
・職場における最も苦手な相手との関係に対し、私自身が原因となっていると思われる部分はどのようなものか。
・直近の会議でもっとよい行動を取るためには、どうすればよかったか。

自分の好みに合う内省のやり方を選ぶ

多くの人が日記を書くことで内省を行っている。日記は大嫌いだから、同僚と話すほうがよいと思うなら、そうすればよいだろう。その際には、最近見たスポーツの試合について漫然と話したり、職場の人間の愚痴を言ったりしないこと。

内省を行っている限りは、好きな方法を選んでかまわない。座ったままでも、歩きながらでも、自転車に乗っていても、立ったままでもいい。一人でやるのも、パートナーと一緒にやるのも自由。書いてもいいし、話してもいいし、考えてもかまわない。

内省の時間をスケジュールに組み込む

多くのリーダーが自分で立てたスケジュールに沿って行動している。だからこそ、スケジュールのなかに内省タイムを設け、続けるための努力を払ってほしい。

自分が内省をさぼろうとしていたり、避けようとしていたりしていることに気づいたら、その行為について内省すること！

小さなことから始める

一時間の内省タイムは長すぎると感じたら、とりあえず一〇分やってみよう。テレサ・アマビールらの研究によると、前向きな感情と意欲を推進する最大の要因は「目下取り組んでいる作業が段々とうまくこなせるようになること」だという。(注3)

ささやかに見えることでもかまわない。上達を実感できる課題を設定して取り組もう。

とにかくやってみよう

自分の質問リストを見直して考察してみよう。じっとする。考える。複数の視点を検討する。自分の最初の考えと反対の立場を考えてみる。ブレインストーミングをする。浮かんできた考えを全部好きになる必要はないし、賛成できなくてもかまわない——とにかく頭を働かせ、浮かんできた考えを観察する作業を行おう。

手伝ってくれる人を探そう

内省をしても、大半のリーダーがやる気、時間、経験、スキルのいずれかが不足しているせいでうまく行えない。そんな時には、同僚、セラピスト、コーチなどに手伝ってもらうことを検討しよう。

彼らは、スケジュールのなかに内省タイムを組み込むためのコーチングをしたり、話をじっくりと聞いてくれたり、考えを明確化する作業のパートナーになってくれたり、責任を持って内省をこなせるように手伝ってくれたりする。

＊　＊　＊

内省を難しくするさまざまな課題はあるものの、内省をしてみればその効果は明白だ。ピーター・F・ドラッカーの言葉を借りれば、「効果的な行動が取れた後には静かに内省しよう。静かな内省から、さらに効果的な行動が生まれる」のである。

ジェニファー・ポーター（Jennifer Porter）
リーダーシップとチームの開発を支援する企業、ボダ・グループ マネージングパートナー。ベイツ大学卒業後、スタンフォード大学スクール・オブ・ビジネスを卒業。オペレーション担当の上級幹部としての経験を積み、企業の上級幹部とチームのコーチを務める。

7

あなた自身を〝数値化〟し、キャリアと人生を改善する

H. ジェイムズ・ウィルソン
H. James Wilson

"You, By the Numbers,"
HBR, September 2012.

自分自身のデータを収集し分析する

数年前、科学者であり実業家であるスティーブン・ウルフラムが、「わが人生の個人的分析」というタイトルでブログを書いた。(注1)そのなかでウルフラムは、自分のメール使用、会議に費やす時間、さらには二二年間にわたりキーボードで入力した文字数まで、さまざまなデータを挙げた。

その結果をまとめた図表やグラフには魅了されてしまう。また、学ぶべきこともあるように思う。ウルフラムは、自分が決まった働き方をする人間であり、一人で夜働くことを好むとしている。予定した電話連絡はたいていその時間に行うが、顔を合わせての会議はそれほど計画的には行われないことを認め、キーボードに向かっている時間の七%はバックスペースキーをたたいているという。

ウルフラムが「自己認識の努力」と表現するこの方法により、彼はとみに盛んになってきた「オートアナリティクス」修養のパイオニアとなった。オートアナリティクスは、向上するために進んで自分自身のデータを収集分析する作業を言う。スポーツ選手ならもう長い間、そのパフォーマンスを徐々に高めるために視覚的・統計的な分析を用いてきた。

現在では、職場でもオートアナリティクスが頻繁に使われるようになった。ウェアラブル機器、スマートフォンや各種アプリ、進んだ視覚化データを使用することにより、私たちの職場での活動や影響要因をモニターし、私たちの時間とエネルギーをどこに費やすべきかを選択することがずいぶんやりやすくなってきた。

これは、私たちがパフォーマンス追跡をどのように考えるか、さらには、キャリア計画をいかに考えるかまで予告するものとなる。

社員はこれまでも業績測定を受けていたが、その方法と測定単位を決めるのは通常、マネジャーたちであった。さらに重要なのは、結果をいかに解釈するかもマネジャーたちが決定していたことだ。

オートアナリティクスでは、社員自身がこのプロセスを掌握することになる。社員自身が自律的に実験を行い、最大の生産性と満足度を得るためのタスクとテクニックを正確に突き止め、それに従って変更を実施する。

ウルフラムの洞察は、自分の「ショッキングなほど決まりきった」仕事が、「知的なこと、その他のことについて、彼をエネルギッシュで自発的な人間へ」と解放した、というものであった。

ただし、彼は自分のパフォーマンスを向上させるためにデータを使ったわけではなく、彼のブログ内容もパイオニア的であると同時に、警告を含むものとしてとらえられる。どのように適用するかのプランがないまま、オートアナリティクスを信奉することに伴う落とし穴を示しているからだ。

最初に明確な目的がなかったから、ウルフラムは自身にまつわるデータ収集の合成に二〇年をかけた。その時でさえ、分析や介入に進むより、観察のためにそこに留まる傾向があった。その気になれば、結果に基づいて、彼はどんな進歩を遂げることができただろうか。

たとえば、プロジェクトのタイムラインとストレスレベルを対比させて、または彼が遠隔から会社を経営していることを考えると、そこで生じた感情や気分と他者との共有時間をマッピングすれば、もっと有用だったのではないか。

こういう種類の疑問に最初に取り組まないと、オートアナリティクスは有望なコンセプトと称されつつも、不適切に採用され、また、一時の熱狂だと捨て去られるようなリスクがある。

適切に実行するには、ツールを理解し、アプローチを開発する必要がある。単に自己認識を増すだけでなく、もっとうまく仕事をし、自分の生活への満足度を上げることが目的となる。

ツールについて

今日存在するオートアナリティクスのツールには、大きく分けて二タイプがある。

第一のタイプは、パターンを明らかにし、目標達成を助ける「トラッカー」である。トラッカーはあなたの日常の決まった仕事と身体的な反応を記録する。睡眠時間、心拍数、摂取する食べ物、カロリー消費など、たとえば、カフェインと砂糖の摂取がどのように仕事に影響するか、職場のどのような話し合いで血圧が上がるかといった、そこから学べる情報だ。

トラッカーは長期的に（何日間、何週間、あるいはそれ以上）、また反復的に用いるのがよく、適正なバランスを見つけるまで介入とその成果を検証していく。個人データのベースラインを収集し、そこからデータ収集と分析を繰り返すことができる。

こうした分析により、第二のタイプのツールを使う準備ができる。取得データをもとにして疑問を投げかけたり行動を促したりしてあなたを目標へ導くものであり、このタイプを突っついて知らせるという意味で「ナジャー」と呼ぶ。

ナジャーはたいてい、「エクササイズをせよ」「コーヒーをやめよ」「プレゼンの時はゆっくり話せ」などと指示するアプリやオンラインツールの形を取る。通常は、いつ、どのように使う人に注意を促すかアルゴリズムに知らせるために、最初にいくらかの投資が必要になる。

有用となる三分野

私たちは正確にはいったい何を測定できるのだろうか。成功したケースと調査に基づいて、私はオートアナリティクスが有用となる三分野を含む枠組みを考案した。①身体的な自己、②思考する自己、③感情的な自己（身体、知性、気持ち）である（**囲み**「自己測定の例」を参照）。

①身体的な自己

あなたの身体の状態は仕事に影響する。これは産業革命の頃からおおよそわかっていた。フレデリック・テイラーはその名高い時間動作研究で、たとえば銑鉄をシャベルで荷車に積むといった鉄工所の作業員の動作は測定可能で、かつ改善が可能だと述べている。

同様に、ナレッジワーカー（知的労働者）の睡眠パターン、ストレスレベル、エクササイズ習慣は、生産性、創造性、さらに全体的な業務成果に影響する。今日では、身体の動きや心理系統の充実したデータを自動的に収集する多様な携帯アプリ、ウェアラブルセンサー、デスクトップツールなどを選んで使うことができる。

ビジネス・コンサルタントのサーシャ・チュアは、睡眠のスケジュールと自分の職業上の優先事項達成との関係を理解したいと考え、その目的で数種のツールを試した。睡眠追跡アプリで就寝と起床の時間、一晩の睡眠時間、睡眠の質を数週間にわたってモニターしたところ、このベースラインと、就寝が遅すぎるという仮定から、彼女は起床時間を八時三〇分から五時四〇分に早めようとした。

驚いたことに、新しい起床時間にすると睡眠時間が長くなり、質も向上して、仕事への取り組みとパフォーマンスも向上した。これにより、ウェブサイトをブラウズするような重要でない深夜の活動を慎むようになり、就寝時間が早まった。その結果、朝の質の悪い眠りのなかで何度もスヌーズボタンを押し続けるような無駄な時間を過ごす代わりに、時間を有効に使って執筆やプログラミングなどに取り組めるようになった。

ここで変わったのは表面的には睡眠のとり方にすぎないが、実際にデータは彼女に対し、個人として、またプロフェッショナルとして何が重要なのかを探求させ、優先順位を明らかにさせ、それを実践させる役割を果たしたと言える。

②思考する自己

一九六〇年代、ピーター・F・ドラッカーは思考する自己をナレッジワーク（知識労働）の単位に数値化することを正当化した。いまでも知識労働が実施されている間に、厳密にあるいは直接的に測定するのは困難なままであるが、その成果は時間に基づく請求、作成された報告書、作成されたコード行数などからある程度追跡することができる。

そうした測定値はマネジャーやシステムに報告として上げられるが、どうしたら仕事を向上させられるか知りたい個人の役に立つことはまずない。オートアナリティクスならば、あなたがスマートフォンで顧客調査を実施するとか、エクセルで統計分析など認知的な仕事を行う時に、データを集めて役立たせることができる。

グーグルのエンジニアであるボブ・エバンズは、トラッカーとナジャーの両方を使って、自分の注意力と生産性の関係を調べた。彼によると、「エンジニアとして、私たちはあらゆる変数を頭に詰め込む。変数はつくっているシステムの知的ピースと言える。注意が逸れると、頭のなかの思考の糸が途切れてしまう」。

エバンズはオンライン・カレンダー連動型のモバイルアプリを使って、毎日、毎週、どれほど頻繁に一人で行う思考と同僚とのやりとりの間を行き来するかを分析し、それを仕事の成果と対比した。

データは、何か意欲的な仕事を成し遂げるには、連続しておよそ四時間のまとまった時間が必要であることを示した。その結果を見て、いまでは難しい課題に対しては、多くの会議に出席して思考の流れが中断される日中ではなく、四時間続けて時間が取れる時に集中して働くようになった。

エバンズはまた、一日に三回、ランダムに彼に注意を促すモバイルアプリを使っている。アプリが「もう二時間ずっと仕事をしていますか」と尋ね、まだ二時間働いていなければすぐに仕事に戻る。「はい」をクリックすると、アプリはさらに質問を重ねて、「仕事上の主要な活動は何でしたか」「仕事上の二次的な活動は何でしたか」と尋ねる。このデータ収集アプローチは、心理学者ミハイ・チクセントミハイによって考案され、経験サンプリング法と呼ばれる。

この三週間にわたる実験の最初の一週間目に、経験サンプリング法のデータが示し始めたのは、メールのやりとりが頻繁すぎて、もっと大切な仕事から注意を逸らされているという事実だった。そこで、メールの返信は一日二回だけ行うことにし、生産性が上昇するか見ようとした。そして、生産性は向上した。

第三週目ともなると、アプリが注意を促す時には、彼は常に主要なプログラミング作業の最中だった（ただし、エバンズの同僚の一人が、一日八回、彼をチェックするようアプリを設定したため、彼のいらいらは募り、ついに実験を断念してしまったという）。

③感情的な自己

ダニエル・ゴールマンは一五年前、傑出したリーダーと並のリーダーの相違のほぼ九〇%は、知的な洞察力ではなく、感情に起因すると述べた。当然、多くの専門職者はキャリアに及ぼす感情の役割について興味を抱き、自分の感情の状態と感情を制御する能力について考えるようになった。しかし、ＥＩ（感情的知性）に関する査定ツールやコーチは費用もかかるし、人の心に踏み込んでくるものだ。たいていは経営役員の一握りのメンバー向けの話になる。

オートアナリティクスのツール自体がＥＩを測定するわけではないが、感情に対する洞察を得る容易な方法を提供し、私たちの毎日で、またキャリアを通じて、何が私たちを幸福にするかという予測を強化するようにデータを使う。

多くのアプリやツールは、ユーザーに「いまどう感じますか」といった問いかけをして気分を追跡する。ＧＰＳ機能付きのモバイルアプリを使えば、あなたの感情と場所の関係を見つけることもできる。仕事は、自宅でするのと、スターバックスでするのと、オフィスでするのと、どれが最も快適だろうか。特定のクライアントの事務所で仕事をしたり、通勤中に仕事をしたりするのはあまり楽しくないかもしれない。

また、メールのやりとりや日誌に記す項目といった文字情報をかみ砕くツールを使って、特定の課題や仕事上の機会についての感情を数値化することもできる。

これらのツールは個人の省察に取って代わるものではないが、プロセスを容易化する一助となる。マリー・デューペッチのケースがまさにそれだ。彼女はブランディング・ストラテジストで、長い間「自分の気分が認識できて、どうしてそんな気分になったのか正確にわかる人」をうらやんでいた。彼女は直感を使うより、自分の感情を理解するのに数量的なアプローチを試すことにした。

カレッジの卒業式が近づき、求人市場に参入する前に、彼女は自分の気分を追跡し始めた。最終学期の三カ月間、彼女が使ったベータ版のトラッカーアプリは、一日三回、五段階スケールで気分を査定するように彼女に求めた。

最初のうちは、「スカイプで友だちや家族と話すと気分がよくなった」「公共交通を使うと落ち込む」といった、ごく当然に思える結果が出ていた。とはいえ、一つのデータポイントが目を引いた。彼女は木曜日にいちばん幸せだというのだ。木曜日は週で最も忙しい日だったので、これには彼女自身が驚いた。

木曜日にデューペッチは、カレッジから車を運転して市内へ行き、広告に関するコースに出ていた。そこではゲスト講師が講義し、広告関連のエグゼクティブやその他のクリエイティブな人々と話し合うことが求められる。最も忙しい日に最も幸せを感じるのは、都会にある場所で広告界に晒されるからだろう、と彼女は推測した。

そこで、彼女はそのセオリーを試そうとする。彼女は五日間連続で、マンハッタンの広告代理店六社でのアドバイス面接を受けることにし、その間の自分の気分を測定した。彼女は「この試みを通じて、広告業が私に向いていること、私が幸福になれる種類のキャリアらしいということをリアルデータで見ることができました」と語った。そして今日、彼女はニューヨークの広告業界で、楽しくバリバリと働いている。

もちろん、効果的に自分の感情を追跡するためには、データ収集時に自分の気分について分析的な、さらに言えば臨床的な見方ができなくてはならない。それは、睡眠時間の長さとか送信したメールの数を記録するのとはまったく違う。

私が話を聞いた多くの人たちと同様に、デューペッチもこのプロセスは最初のうち不自然に感じられるが、練習を積むと容易になり、やがては自分がどのように感じているか察知して、それに反応する能力を向上させることができると言う。

今後の可能性

オートアナリティクスの歴史はまだ浅い。それでも現在、認知科学・行動科学に基づく意義ある新しい調査が大学や個人企業で進行している。「クオンティファイド・セルフ」というプロジェクトでは、個人がオートアナリティクスのツールや実験的なメソッドを試す機会を提供している。さらに、オートアナリティクス実践家とツール製作者に向け、ビジネス分析分野からのデータ視覚化とアルゴリズムに対する現場主義の新しい洞察をダイレクトに提供するアプリケーションも存在する。

その他にも二つのトレンドが浮上している。

第一に、ツールの進化である。ナジャー機能がもっと洗練されるような機械学習アルゴリズムを有するさらに賢いツールができ、たとえばどんな時、どのようにユーザーに注意を促すか、テクノロジーが詳しく把握するようになる。ツールによっては、現在より目立たないものができるだろう。たとえば、身体データを捕捉するために生地に織り込まれるとか、スプレッドシートや文書作成アプリなど、職業的ツールに埋め込まれるようなこともあるだろう。

第二に、さらに全体論的なオートアナリティクスのアプローチが開発される。アプリケーションが多くの測定値を単一のダッシュボートにまとめ、ユーザー自身がさらに複雑な次元で自身の分析をすることが可能になる。

いくつかのツールはすでにトラッカーとナジャーを結びつけており、さらにソーシャルな側面を追加することができる。ツールがユーザーに、毎週の販売訪問数や直属の部下との対話を増やすとかいった目標を作成するよう指示し、目標に向けて毎日の進歩を自分で分析するようなデジタル表示を使う。あなたのモチベーションを高めるため、あなたが軌道を逸れると、そっと注意したり、あるいは金銭的なペナルティを課したりすることまで行う。

これをソーシャルに使用すれば、減量クラブで行うように、同じ目標に向かう人々が、他人同士でさえがデータを共有したり励まし合ったりすることができるだろう。

テクノロジー企業家のニック・ウィンターは、この方法を用いて大きな成功を収めた。自分の生産性が停滞期にあると感じており、新しい事業が危険に晒されているとわかった時、彼は自分の仕事上の活動と生産性のデータを収集し始めた。

一〇カ月間にウィンターは、スプレッドシートによる追跡からナジャーツールまで、四つのアプローチを試してみた。そしてトレンドを明確に見るために、最終的にオートアナリティクスの手法で「パーセンタイル・フィードバック・グラフィング」と呼ばれる方法を採用した。現在彼は、志を同じくする仲間を集めてオンライングループをつくり、互いにメトリクスを比較し合い、競い合っている。

別のデータ統合例は、先述のボブ・エバンズが設計したオープンソースのモバイルアプリ「パーソナル・アナリティクス・コンパニオン」(PACO)である。「気分トラッカーから会議トラッカーまで垂直のアプリを全部揃える代わりに、そこで自分のデータすべてを一緒にして比較できる一つの場所を提供する。傾向、分布、関係性を見ることができます」とエバンズは述べる。

オートアナリティクスのアプリが、マネジャーがよく眠れなかったこと、長い通勤時間でストレスがたまっていること、直前に退屈な予算会議があることを知っていたら、彼のイノベーション会議の予定変更に一役買うだろう。

あるいは、勤務評定を前にマネジャーの評価を支援するため、あるいはそれに対抗するため、個人ベンチマーク・データで武装するナレッジワーカーを支えることもできる。

これがオートアナリティクスの未来である。コア業務以外でより高いパフォーマンスを発揮していることが分析から判明すれば、オートアナリティクスは、キャリアを完全に変更する誘因となるかもしれない。

もしサポートするデータがあれば、人生を一変させるような大きな決断から生じる不安をどれほど軽減できることか。オートアナリティクスを適切に用いれば、従来は直感と裏づけに乏しいフィードバックだけに頼っていた状況に、エビデンスが提供されることになる。

あなた自身の数値化は、目から鱗が落ちるような経験だ。そしておそらくは、あなたのキャリアと人生を改善するための使える最上の方法であろう。

H・ジェイムズ・ウィルソン（H. James Wilson）
ボブソン・エグゼクティブ・エデュケーション上級研究員。共著に*The New Entrepreneurial Leader: Developing Leaders Who Shape Social and Economic Opportunity* がある。

自己測定の例

オートアナリティクス分野のツールには、行動ベースのアルゴリズムを用いてユーザーにさまざまな推奨を行うものが多い。携帯電話アプリ、センサー付きウェアラブル機器、ノートパソコンやデスクトップPCなどに視覚的にデータを表示するものもある。

ほとんどのツールは、個人生活にまつわる三領域の一つを中心に設計されている。

①身体的な自己

身体の動作と機能を測定するツールは、職業的な効率と健康について、よりよい意思決定を助ける。たとえば睡眠トラッカーは、睡眠の量と質に関するデータを収集する。なぜ週の特定の曜日に頭が冴えているのか（あるいは無気力になるのか）、休息とパフォーマンスの関係をいかに最適化するか、といったことを理解させてくれる。身体や動作のトラッカーは、あなたが階段を何段上ったかをカウントしたり、座りすぎていれば立つように促したりする。

②思考する自己

思考する自己を中心に据えるツールは、日々の決まった仕事、習慣、ナレッジワークの生産性に関連するデータを収集する。ブラウザベースの注意力トラッカーは、業務中にウェブをブラウジングする間、多様なカテゴリーを通してユーザーの注意力がどこにどれほど流れているかを表すパターンを視覚化する。

③感情的な自己

感情を測定するツールは、職業上の意思決定、状況、行動を気分と関連させて、ユーザーの自覚を促す。気分追跡アプリは、あなたの気分を長時間追跡するために、状況に応じてシンプルな質問を促すこともある。臨床実践的な洞察と研究データから、どのように仕事のパフォーマンスと満足度を改善できるかについてさまざまな推奨を行う。

あなたは部下からどう見られているか

8

Harvard Business Review Emotional Intelligence SELF-AWARENESS

クリス・ヘッジス
Kristi Hedges

"How Are You Perceived at Work? Here's an Exercise to Find Out,"
HBR.ORG, December 19, 2017.

自己認識の欠如は、キャリアに深刻な影響を及ぼしかねない

自分が人からどう見られているかを知るのは難しい。自分が周囲にどんな印象を与えているかということについては、曖昧で混乱した認識しか持てていない人が多い。いや、まったく何もわかっていない場合さえある。このような自己認識の欠如は、その人の将来のキャリアを制限する深刻な障害になりかねない。

私のクライアントの例を紹介しよう。経営トップの一角を目指して頑張っていた彼は、自分が同僚からネガティブで気難しい人物だと思われていたことを知ってショックを受けた。自分では、分析力を駆使して徹底的に考え抜く点が強みだと思っており、相手の意見を否定することはあっても、それは最善の決定を下すためだと理解してもらえていると考えていたからだ。

さらに、自分では気づいていなかったが、何かを考えている時に表情をゆがめる癖があり、周囲にはそれが不機嫌そうに見えていたことも知って驚いた。

まさに、心理学者が「透明性幻想」(Transparency Illusion)と呼ぶ状態に陥っていたのである。それは、人間は開かれた書物のようなものであり、本人が意図した通りに他人も見て

8. How Are You Perceived at Work? Here's an Exercise to Find Out

くれているはずだ、という思い込みである。

しかし、当人の意図と他者が受ける影響との間には大きなギャップがある。早い話、私たちは自分がどんな表情をしているかを知らない。特に深く考えている場合にその傾向が強まる（私の同僚は「人間が考えている時の表情は全然美しくない」と言っているが、たしかにその通りだ）。そして、特定の感情は間違って解釈される可能性がある。たとえば、怒りとかすかな不快感は、一見すると似通っていて取り違えられやすい。

本来の性格とその人から受ける印象が異なることは理解していたとしても、それでもやはり、私たちは受けた印象に基づいてその人を判定し続ける。こうした印象は、組織のなかで、クラウドのようにどこかに蓄積され（オフサイトの個人版口コミサイトのようなものだ）、物語（ナラティブ）として共有される。

物語はアドバイスの形をとって広まったり（「アナの部下になったんだって？　彼女とうまくやりたければこうやるといいよ」）、悪意のあるゴシップとして拡散したりする（「クロードがまた変な立ち回り方をしているぞ」）。

自分について、周囲の人々がどんな印象を共有しているかがわかれば、自分のどの点は問題がなく、どの点は直さなくてはならないかという貴重な情報を得ることができる。

そんなフィードバックなら職場で普通に得ていると言う人がいるかもしれないが、それはたいてい仕事のパフォーマンスに関するものだ。「営業スキルに磨きをかける必要がある」と言われることはあっても、「自分本位な性格を改めたほうがよい」と指摘されることはない。どちらのほうがキャリアに深刻な影響を及ぼすかと言えば、明らかに後者である。

私は『プレゼンスの力』（注1）（未訳）という本で、他の人があなたをどのように認識しているかを知るための簡単な調査方法を紹介した。あなたと関わりの深い数人に、よく工夫された二つの質問を投げかけるだけで、必要な情報を入手できるのだ（三六〇度評価を行ったことのある人なら、異口同音の評価が大勢から繰り返し語られることを体験済みだろう）。

自分がどう見られているかを探るこの調査は、時間はそれほどかからないが、精神的にはかなり集中力を要する。楽に行える特別なタイミングはないので、思い立った時に行うのがよい。

以下に手順を説明するので、参考にしていただきたい。

①五人を選ぶ

仕事で何度も接触する上司、役員、直属の部下、同僚などから五人を選ぶ。元同僚を入れてもよい。じっくり話を聞いて協力してくれる同僚は、特に素晴らしい情報源になる。仕事とプライベートの両方の領域にまたがって、あなたを多面的に知っている人ならなお望ましい。信頼できる人、包み隠さず話してくれる人を選ぶことが重要だ。

②会って話を聞かせてほしいと頼む

本音で話してもらうために、ここでの話は口外しないと約束する。また、一人ずつの負担感を軽減するために、他の人からも話を聞く予定であることを伝える。依頼そのものも、できれば会った時に直接行う。面と向かって依頼すれば協力してもらえる可能性が高くなる。

物理的に会うことができない場合は、依頼は電話でしてもかまわない。メールで依頼せざるをえない場合は、必要ならどんな質問にでも答えるということを書き添える。

③二つの質問をする

面談の場で相手から話を聞き出すにあたっては、次の二つの簡単な質問をする。これは集合知を掘り起こすために工夫された問いかけである。

- あなたには、私がどんな人間のように見えますか。
- 私のここを変えるとよい、そうすればもっとうまくやれる、と思う点がありますか。

相手によっては、目を開かされるような、役に立つ回答が返ってくることもあれば、曖昧で混乱しているような回答もあるだろう。

こういう質問をされて戸惑う人は、仕事やプロジェクトに限定して何かを話そうとするかもしれない。その場合は、はっきり次のように伝えることが大切だ。

「フィードバックをありがとう。仕事上のことだけでなく、もっと深いところで、リーダーとしての私（同僚としての私、一人の人間としての私）について、どう感じているか話してもらえるでしょうか」

④適切な応答をする

何を言われても、そこで自分の気持ちを説明したり、行為について弁明したり、落胆したりしてはならない。インタビューの相手は、自分が話すことがあなたにどのような影響を与えるかをリアルタイムで感じ取っている。

有意義なフィードバックが得られるかどうかは、あなたがゆったり構えて話を聞けるかどうかで決まる。指摘してもらったことについて、必要であれば、さらに詳しい説明や、そう感じた具体的な事例や場面を尋ねるとよい。最後に、心からの感謝を述べてミーティングを締めくくる。

調査結果に基づいて自分の行動を変える

インタビュー後、指摘されたことのなかで特に重要な点はどれか、複数の人から同じことを指摘された点は何か、などを振り返る（あまり役に立たないと確信できる、外れ値的なコメントについては除外してかまわない）。

周囲の人があなたを正しく理解してくれていれば言うことはないが、そうでなければ認識を変えてもらうために、自分の行動を変える必要がある。

このインタビューを行ったクライアントの多くが、こんな感想を述べる。「なぜ誰も、もっと早く言ってくれなかったんだろう。こんなことなら簡単に変えられたのに」

周囲から否定的で気難しいと見られていた、私のかつてのクライアントも、まさにそのパターンだった。自分が誤解されていることに気づいた彼は、透明性を保つために、何か重要なことをする時は自分の意図を前もって話すことに決めた。

部下の考えを理解したいという気持ちを明確に示すために、会議に臨むスタイルを変え、特に結論を求めないオープンエンドの質問をして自由に考えを述べてもらうようにした。また、顔をしかめる癖が出ないように心がけ、オープンな気持ちが伝わるように中立的な表情を保つよう努力した。

こうして、彼を見る周囲の人々の目は次第に変わっていき、やがて当人の自己認識通り、相手に共感する思いやりのある人だと思ってもらえるようになった。

自分のことは理解してくれているはずだという「透明性幻想」は、あらゆるレベルのマネジャーが陥る罠だ。幸いなことに、部下の認識と部下にどう認識されたいかというマネジャーの願望のギャップは、信頼できる情報を集め、行動を変える努力をすることによって、埋めることができる。

クリス・ヘッジス（Kristi Hedges）

ヘッジス・カンパニー社長。ジョージタウン大学トランスフォーメーション・リーダーシップ研究所教員。経営トップのコミュニケーション面をコーチとして支援する。著書に *The Inspiration Code, The Power of Presence* などがある。

ネガティブなフィードバックを上司からうまく引き出す方法

9

Harvard Business Review
Emotional Intelligence
SELF-AWARENESS

デボラ・グレイソン・リーゲル
Deborah Grayson Riegel

"How to Solicit Negative Feedback When Your Manager Doesn't Want to Give It,"
HBR.ORG, March 05, 2018.

ネガティブなフィードバックは役に立つが、言う側は配慮に悩む

リーダーシップコーチとして仕事をしていると、上司からのネガティブなフィードバックがほしいというクライアントの声を聞くことが多い。仕事の質を高め、結果を出し、キャリアを広げるために、自分の良くない点や改善すべき点を指摘してもらいたいというのだ。

だが、それを上司に求めると、断られたり、言葉を濁されたり、先延ばしにされたりする。ここを改善しなさいと、目を見て正直に話してくれる上司はめったにいない。

困ったものだが、やむをえない面もある。ネガティブなことを伝えるのにはリスクが伴うからだ。どんなリスクがあるか、私の同僚のジェニファー・ポーターが「やさしい組織で上司や同僚に耳の痛いことを伝える方法」という論考で紹介している。(注1)

相手の感情を傷つける、プロらしいスマートさが損なわれる（状況を混乱させる）、ネガティブ・フィードバックを与えてくれるロールモデルがいない、言われた側が感情を爆発させるおそれがある、職場の穏やかな空気が損なわれる、といったものだ。

カリフォルニア大学のナオミ・アイゼンバーガー教授とマシュー・リーバーマン教授、そし

てパーデュ大学のキプリング・D・ウィリアムズ教授が行った調査によると、否定的なフィードバックは社会的拒絶の一形態と受け止められることがあり（「あなたは私が駄目な人間で、ここにはふさわしくないと言うのですね」というのがありがちな受け止めだ）、言われた側に心理面だけでなく、身体面でもダメージを与える可能性があると指摘されている。(注2)

部下を傷つけたり、感情を爆発させたり、やる気を失わせたり、ひどい場合は仕返しされたりするかもしれない。そんなリスクを取ろうとするマネジャーは、そうそういるものではない。だがそうだとしても、的を射た建設的なネガティブ・フィードバックは、成長のために不可欠である。ジャック・ゼンガーとジョセフ・フォークマンは「上司は気乗りしないだろうが、部下は上司からのネガティブ・フィードバックを求めている」という論考で、これまで仕事をしてきたなかで最も役に立った体験は何かと尋ねられた人の七二％が、上司からのネガティブ・フィードバックと答えたことを紹介している。(注3)それと同時に、マネジャーはネガティブなフィードバックを与えることに気乗りではないことにも触れている。

ビル・ゲイツもネガティブ・フィードバックが必要だと考えている。「私たちには意見してくれる人が必要だ。それによって磨かれていくのだから」(注4)

さて、成功するためにはネガティブ・フィードバックが必要だということはわかっていただけたと思う。だが、誰も与えてくれない。ではどうすればよいか。

ストレートに求めるのではなく（それでうまくいかないことは、あなたもすでに体験済みだろう）、次のような方法をお勧めしたい。

まず自分からネガティブ・フィードバックを公開する

ペンシルバニア大学ウォートン・スクールのアダム・グラント教授は、「建設的なフィードバックをためらうのは、多くの場合、相手が傷つくことを恐れているからです。でも、本人が自分はこんな失敗をしたとか、自分のここを直さなくてはいけないと言うのを聞けば、そういう恐れは和らぎます」と述べている。

そこで、まず自分から、たとえばこんなふうに水を向けるのが有効だ。「私は、仕事は速いけれど大事なことを見落としがちです。どうしたら直せるでしょう」。相手が何か言ってくれたら、さらに「他にも改善できるところはないでしょうか」と尋ねるのである。（注5）

自分の努力目標を伝えてサポートを求める

上司がネガティブ・フィードバックを与えてくれない場合は、自分から「今年はこの三点を改善するために取り組む」という努力目標を伝えたうえで、「これに一つか二つ追加するとしたら何があるでしょうか」と尋ねるとよい。そして、「私がこの目標を達成できるように、何か気づいたことがあったら指摘してください」と頼むのだ。

そうすれば、上司は何か言いにくいことを言う場合でも、成長のための苦言であることは部下自身が納得していることがわかっているし、感情を害するかもしれないという心配も小さくなる。

学びのポイントを教えてほしいと頼む

上司、同僚、あるいはクライアントがネガティブなフィードバックをためらっていたら、「私があなたから学べることで、私の成長に役立つものは何だと思いますか」と尋ねてみよう。そう言われた側は、自然に自分の能力やスキルを振り返り（そう仕向けられて誰も悪い気はしない）、威圧的に響くのではないかという心配をすることなく、何を学べばよいかを話してくれるだろう。

うまくいけば、相手もあなたにこう尋ねるかもしれない。「逆に、私があなたから学べることは何だと思いますか」。そう言われたら、あなたも相手にやさしくネガティブ・フィードバックを返すことができる。

悪影響を最小限に抑えるための下ごしらえをする

何かネガティブなことを言う時、「たまたま気づいたことだけど」とか「全然大したことじゃないけど」などと前置きをして、相手のショックを和らげようとする人が多い。そこで、フィードバックしてもらう側が、先んじてその方法を使うのである。

たとえば、「私がちょっとだけやり方や習慣を変えるとしたら、何を変えるのがいいでしょう」と聞いてみよう。

この方法であれば、フィードバックをする側が相手のショックを小さくするために苦心する必要はないし、言い訳がましくなる必要もないし、受け入れられやすい状況の出現を待つ必要もない（そういうお膳立てを、フィードバックされる側がすでに済ませておくのである）。

＊　＊　＊

マネジャーはネガティブ・フィードバックを与えることができるはずだが、たとえそれを受けられなかった場合でも、仕事やキャリアに必要な情報を入手するために、あなたの側から頼んでみる方法を学んでおくとよいだろう。

デボラ・グレイソン・リーゲル（Deborah Grayson Riegel）
リーダーシップおよびチーム開発に取り組む企業、ボダ・グループ プリンシパル。ペンシルバニア大学ウォートン・スクールでマネジメント・コミュニケーションを教えている。

10

Harvard Business Review Emotional Intelligence SELF-AWARENESS

成長する人はフィードバックを上手に受け止める

シーラ・ヒーン
Sheila Heen
ダグラス・ストーン
Douglas Stone

"Finding the Coaching in Criticism,"
HBR, January-February 2014.

フィードバックがうまく機能していない

評価のフィードバックはきわめて重要である。それは明らかだ。パフォーマンスを改善し人材を育成するにも、期待値をすり合わせ、問題を解決するにも、昇進と報酬に関する指針を与え、さらには収益を押し上げるためにも、フィードバックがカギとなる。

しかし、多くの組織においてフィードバックが機能していないということも、同様に明らかである。統計を一目見れば実情がわかる。期日までに査定を完了するマネジャーは三六％しかいない。最近のある調査では、従業員の五五％が前回の人事考課について不公平あるいは不正確であったと言い、四人に一人が、働くうえでそのような評価を何よりも恐れていると述べている。

人事部の上級幹部に、人事管理で最大の課題は何かと尋ねたところ、そのうち六三％が、マネジャーたちがフィードバックに際して面倒な話し合いをする能力がないこと、あるいはしたがらないことを挙げている。コーチングやメンタリングとなると、できる者だけがやっているという状況だ。

ほとんどの企業は、フィードバックをより効果的かつ頻繁に提供する訓練をリーダーたちに施すことで、これらの問題に対処しようとしている。マネジャーのコミュニケーション能力が向上すれば誰もが恩恵を受けるのだから、それはそれで結構なことだ。

しかし、フィードバック提供者のスキルが向上しても、受け手が言われたことを自分のものにできなければ、大した効果は望めない。そのフィードバックを受け入れるか否か、内容をどう解釈するか、それに従って考えや行動を変えるかどうかは、ひとえに受け手が決めることなのだ。フィードバックをうまく提供すべきものとしてのみ考えることはやめ、うまく受け取る能力を改善する必要がある。

私たちはこの二〇年間、企業幹部を対象に面倒な対話をスムーズに運ぶためのコーチングを実施してきたが、新人から「Cスイート」（最高○○責任者）のベテランに至るまで、フィードバックを受け取る際に葛藤のない人はほとんどいないことがわかった。批判中心の人事考課であれ善意の提案であれ、あるいはフィードバックなのかさえ曖昧なコメント（たとえば、「ああ、あなたのプレゼンテーションは本当に興味深かったですね」）であれ、感情的な反応を引き起こし、人間関係を緊張させ、対話を停止させる可能性があるのだ。

しかし、よい知らせもある。フィードバックをうまく受け取るのに必要なスキルははっきりわかっており、習得できる。たとえば、フィードバックにより引き起こされる感情を理解しコントロールする能力や、下手な伝えられ方で批判されてもそこから価値を引き出す能力などである。

フィードバックがうまくいかない三つの理由

なぜ、フィードバックを受け取ることはそれほど難しいのか。そのプロセスは人間の根本的な二つの欲求——学び成長したいという欲求と、あるがままの自分を受け入れてもらいたいという欲求——の間に対立を生じさせるからだ。

結果として、親切と思われる提案でさえも、怒りや不安、ひどい扱いを受けた、強く脅かされたという感覚を引き起こすことがある。「人格に向けられた批判とは見なさないようにしましょう」とあらかじめ注意されていても、その衝撃を和らげることはできない。

フィードバックをうまく受け取れるようになるための第一歩は、これらの感情を理解しコントロールすることである。フィードバックが感情を刺激するパターンは無数にあると思われるかもしれないが、実際にはたった三つしかない。

一つ目の「真実のトリガー」は、フィードバックの内容によって引き起こされる。評価や助言が的外れである、役に立たない、あるいは単に事実と異なっている場合には、腹が立ち、不当な扱いを受けたと感じ、いらいらする。

二つ目の「関係性のトリガー」は、フィードバックを提供する人物によって引き起こされる。話し合いはしばしば、提供者についてあなたが思っていること（たとえば、「この問題について彼は何もわかっていない」）や、それまでの交流に基づく感情（たとえば、「あれだけよくしてあげたのに、お返しがこの批判か」）に影響される。したがって、他の誰かが言ったなら価値あるものと受け入れたコーチングを、はねつけてしまうこともあるかもしれない。

三つ目の「自己同一性のトリガー」は、もっぱら自分自身との関係によって引き起こされる。フィードバックが正しいか誤っているか、あるいは示唆に富むか考慮に値しないかにかかわらず、それを受け入れれば自分らしさが失われると感じるならば、気落ちしてしまうだろう。そして途方に暮れ、防御的になり、あるいは不安に苦しむことになる。

これらのすべては自然で合理的な反応であり、避けることができない場合もある。自分はそうならないというふりをしても、問題は解決しない。何が起こっているのかを認識し、一つ、あるいはそれ以上のトリガーが作動する場合であっても、フィードバックから価値を引き出す方法を学ぶことが、解決への道なのである。

よい受け手になるための六つのステップ

フィードバックをうまく受け取るためのプロセスとは、分類とフィルタリングである。他者の観点を理解し、最初は的外れとも思えるアイデアでも試し、これまでと違うさまざまなやり方を実験してみる必要がある。また、純粋に間違っていて却下すべき批判なのか、すぐには役に立たないが保留しておくべき批判なのかを取捨選択する必要もある。

しかし、トリガーが引き起こした感情にとらわれたままでこれらを行うことはまず不可能だ。その状態では、含みのある会話から学びを得るどころではなく、拒絶や反撃、放棄へとつながってしまう。

以下の六つのステップにより、価値あるフィードバックを退けてしまうこと、そして無視したほうがよいコメントを受け入れ実行してしまうことから逃れられる。これらは受け手に対する助言として提示されているが、もちろん提供する側も、フィードバックを受け取ることの難しさを理解していれば、より効果的に提供できるだろう。

①自分の持つ傾向を知る

人は長年フィードバックを受け取ってきた過程で、反応のパターンができあがっているものである。事実によって自分を守るのか（「これは明らかに間違っている」）。伝えられ方に異議を唱えるのか（「こんなことをメールで伝えられるとは」）。それとも反撃するのか（「よりによってあんたがそれを言うか」）。顔には出さず微笑みながら、内心、腹を立てるのか。涙ぐむのか。義憤に駆られるのか。

そして、時間の経過という要素もある。その場はフィードバックを拒否しても、後で客観的になり、時間をかけて検討する傾向があるのか。すべてを即座に受け入れるが、後で妥当でないと判断するのか。頭では同意しても、行動を変えるのが難しいのか。

宣伝担当幹部であるマイケルは、上司が彼のプロ意識の欠如について何気ない冗談を言った時、ひどい衝撃を受けた。彼は次のように語った。

「恥ずかしさでいっぱいになりました。まるで、グーグルで『私が犯した誤り』を検索したら、父親や前妻がスポンサーとなった広告付きで一二〇万件がヒットしたみたいに、ありとあらゆる失敗が思い出されました。こんな状態で、フィードバックをそのまま受け取ることは難しいものです」

しかし、現在のマイケルはそんな自分の傾向を理解し、フィードバックの活かし方をうまく選択できるようになったという。「私は自分が批判を大げさに受け取っていることを確認できますし、いつも一晩寝て考えた後には、自分が学べることがあるかどうかをちゃんと判断できるようになっています」

②「内容」と「提供者」を切り離して考える

フィードバックが的確であり、助言が示唆に富むものならば、それが誰からのものかは問題ではないはずだ。

しかし、そうはならない。「関係性のトリガー」が作動すると、コメントの内容が提供者（あるいは提供者がいつ、どこで、どのようにコメントしたか）に対する受け手の感情と絡み合い、学習の妨げになる。そうならないようにするためには、メッセージと送り手を切り離し、それから両方を検討しなければならない。

製薬会社でチームリーダーとして働く薬剤師のジャネットは、三六〇度評価で同僚や上司から素晴らしい称賛のコメントを受け取った。ところが、直属の部下からは否定的なフィードバックを受け取って驚き、問題は部下たちの側にあると即座に結論を下した。「私の求める水準が高いので、ついてこられない者がいる。プレッシャーを与えて結果を出させるやり方の上司に慣れていないのだ」と考えたという。

こうして彼女は、問題点を自分のマネジメント方法から部下の能力にすり替え、自分が他者に及ぼす影響について重要な学びを得られなかった。

やがてジャネットは、事態を理解した。「部下のパフォーマンスと自分のリーダーシップのどちらが問題なのか、という二者択一ではないことを私は悟りました。両面から解決する必要があったのです」。

ジャネットは問題を解きほぐし、両方の点についてチームと話し合うことができた。そして賢明にも、部下からのフィードバックを受ける際、「私が事態を難しくしていることがありますか。どうすれば状況が改善しますか」と尋ねて対話を始めるようになった。

③コーチングとして受け止める

評価的なフィードバック（「あなたの評価は4です」）もあれば、コーチングとなるフィードバック（「こうすればよくなります」）もある。誰もが両方を必要としている。評価はあなたがどの水準にあるか、何が望めるか、何を期待されているかを教えてくれる。コーチングは学習と改善を促し、より高い水準の行動へと導いてくれる。

両者はいつも簡単に区別できるとは限らない。たとえばある時、取締役会のメンバーがCFOのジェームズに電話をかけてきて、次の四半期のプレゼンテーションは社内予測ではなく、アナリスト予測で始めてはどうかと提案した。これは善意による提案なのか、あるいはいつものやり方に対する遠回しの批判なのか。はっきりしない場合、人は最も悪いほうに解釈し、善意のコーチングでさえも拒絶してしまう。

裁きを下されたという感情は「自己同一性のトリガー」を作動させやすく、不安を引き起こして学ぶ機会を台なしにすることがある。したがって、このような提案はできる限りコーチングと受け止めるとよい。これまでのやり方に対する批判としてではなく、新鮮な視点からの有益となりうる助言としてフィードバックを聞くようにしよう。

ジェームズが実行したところ、「提案に対して感情的な意味合いを忖度しなくなった」という。「どうしたら役員が四半期情報を理解しやすくなるかについての単なる指摘として、聞くことにしました」

④内容を分析してみる

フィードバックが正しく有益であるかどうかは、すぐにははっきりしないことが多い。そこで、受け入れたり拒絶したりする前に、よりよく理解するための分析をいくつか行うとよい。

ここで架空の事例を取り上げよう。販売担当のカーラは、経験豊富な同僚のヨハンから「もっと積極的に自分を主張すべきだ」と言われた。カーラはこの助言を拒絶（「私はすでに十分自己主張していると思う」）するかもしれないし、不本意ながら従う（「たしかにそうする必要がある」）かもしれない。しかし、それを決める前に、彼女はヨハンの言う本当の意味を理解する必要がある。

ヨハンは彼女がもっと頻繁に発言すべきだと考えたのか、あるいはもっと信念を持って話すべきだと考えたのか。彼女はもっと微笑むべきか、真顔でいるべきか。知らないことを知らないと認めて堂々としているべきなのか、あるいは知っているふりができる大胆さを持つべきなのか。

「もっと積極的に自分を主張すべきだ」という助言は単純なものだが、ヨハンが会議や顧客対応に当たるカーラを見て、一連の複雑な観察と判断を下した結果なのである。カーラはこの一般的な提案を掘り下げて、それが具体的に何を促しているのか見出さなければならない。ヨハンは彼女が何をするのを、あるいは何をし損なうのを見たのか。彼は何を期待し、何を心配したのか。言い換えるならば、このフィードバックはどこからきているのか。

カーラはまた、このフィードバックが自分をどこへ導こうとしているのかを知る必要がある。ヨハンは具体的に彼女にどう変わってほしいと思っているのか、それはなぜか。話し合いで明らかにした後、彼女は販売部門の他の者よりも積極的に主張していないことは認めても、自分を変えるべきだという考えは聞き入れないかもしれない。

あるいは、カーラが目標とする販売員が物静かで謙虚な姿勢の、顧客のニーズに深い関心を示すタイプなら、彼女の考えるよい販売員とは、ヨハンの理想としていた『グレンギャリー・グレン・ロス』（実績主義の不動産会社で働く販売員を描いた、デイビッド・マメットの名作戯曲。映画化された時の邦題は『摩天楼を夢みて』）の登場人物とは大きく異なっているかもしれない。

即座に判断することをやめ、フィードバックの理由と狙いを探る時間を取れば、その助言を採用するか否かにかかわらず、何が最善のやり方なのかについて豊かな実りある対話ができるようになる。

⑤尋ねるのは一つだけ

自分からフィードバックを求めて管理すれば、心理的トリガーが作動しにくくなる。したがって、毎年の人事考課を待っていてはだめだ。年間を通じてさまざまな人から、自分のものにできる範囲内でのコーチングを受ける機会を見出そう。「何か私に対するフィードバックがありますか」などといった、焦点の定まらない大ざっぱな質問は、批判を求めることにつながるので避けるべきである。

「私が自分の向上を妨げているように見える行い（あるいは至らぬ点）を一つ挙げるとすれば、何だと思いますか」などと同僚や上司、直属の部下に尋ねれば、フィードバックのプロセスはより管理しやすくなる。尋ねられた人物は、最初に思いついた行動を話すかもしれないし、あるいは複数あるなかから最も重要なことを指摘するかもしれない。どちらにせよ、あなたは具体性のある情報を獲得し、自分のペースでさらに詳しい情報を引き出すことができる。

金融機関でファンドマネジャーとして働くロベルトは、三六〇度評価のプロセスが複雑で、負担が大きいと思った。「一八ページに及ぶ図表があるのですが、フィードバックの内容を確認するようなフォローアップの対話ができず、不満が募るばかりでした」と言う。また、同僚たちに対しては気まずい感情が残ったとも述べている。

現在ロベルトは、各四半期に二、三人の人物に対して、自分が対処できそうなことを一つだけ尋ねるようにしている。「同じことを言われるわけではありませんが、そのうち問題となっていることがわかってきて、自分の伸びしろがどこにあるかつかめるようになります。また、上司やチームのみんな、さらには少々関係がうまくいかない同僚とも、真に実りある対話ができています。彼らは私が変えるべきことを一つ、喜んで教えてくれますし、それが正しいことが多いのです。トラブルなく一緒に働くうえで役立っていますよ」と彼は述べている。

調査では、はっきりと批判的なフィードバックを求める（つまり、称賛を求めるだけではない）者は、人事考課でより高い評価を受ける傾向にあることがわかった。それはなぜか。主な理由として、コーチングを依頼する者は、言われたことを胸に刻んで心から改善しようとする場合が多いからだと考えられる。

しかしまた、フィードバックを求めることで他者が自分をどう見ているかを探り当てるだけでなく、自分に対する他者の見方そのものに影響を及ぼしているからでもある。建設的な批判を求める姿は、謙虚さ、敬意、卓越することへの情熱、自信、これらのすべてが一体となった印象を与えるのだ。

⑥小さな実験をする

フィードバックを求めてそれを理解した後、助言のどの部分が役に立ち、どの部分がそうでないかを識別するのは依然として難しいかもしれない。そこで私たちは、見分けるための小さな実験を計画することを提案する。そんなことが役に立つのかと思うかもしれないが、失敗しても損失が小さく、成功すれば大きな収穫が望めるのならば、試す価値はある。

先に紹介したＣＦＯのジェームズは、取締役会メンバーの助言通りに次回のプレゼンテーションをやってみて、何が起こるか観察することに決めた。この変更は一部の役員に好評を博したが、形式を変えたことで他の役員にも自分なりの提案を促すこととなった。

現在ジェームズは、自分のプレゼンテーションが役員たちの目下最大の懸案事項に合致するように、逆のアプローチで事前に分析と検討をしている。一週間前にメールを送って緊急の課題がないかを尋ね、プレゼンテーションではその回答を先に話すか、あるいは後で回答する旨を冒頭で言っておくのだ。

「準備するのは少々大変ですが、実際にはその場で答えるよりもはるかに簡単です。予想外の質問に答えることがこの職務で最も難しいのですが、準備しておけばそのような質問は少なくて済みます」と、ジェームズは言う。

これはやってみる価値のある事例だ。誰かが助言をくれた時はそれを試してみよう。うまくいけば素晴らしい。うまくいかなくても、やり方を少し変えて再度挑戦するか、実験を終える決断を下すかすればよいのである。

＊　＊　＊

批判を受け入れることはけっして容易なことではない。自分の成長にはそれが欠かせないとわかっていて、自分の成功を望んでの批判だとその人物を信頼している場合でさえも、心理的トリガーが作動することがある。誤解された、敵意を向けられたと感じるかもしれないし、時には自分の「核」を脅かされたと思うかもしれない。

あなたの成長は、人間の自然な反応に屈せず批判から価値を引き出す能力と、上司、同僚、部下たちからさらなる助言とコーチングを受けようとする意欲にかかっている。彼らはフィードバックをうまく提供できるかもしれないし、できないかもしれない。あるいは、そんな時間はほとんどないかもしれない。しかし、自分の成長は自分次第なのだ。どんなフィードバックからでも学ぼうと決意するならば、それを阻むものは誰もいない。

シーラ・ヒーン（Sheila Heen）
トライアド・コンサルティング・グループ創設者。ハーバード・ロースクール講師として交渉についての授業を担当している。

ダグラス・ストーン（Douglas Stone）
トライアド・コンサルティング・グループ創設者。ハーバード・ロースクール講師として交渉についての授業を担当している。

本稿をもとにした二人の著書に『ハーバード あなたを成長させるフィードバックの授業』（東洋経済新報社）がある。

11

シェイクスピアに学ぶ、人が成長するための条件

デクラン・フィッツシモンズ
Declan Fitzsimons

"Shakespeare's Characters Show Us How Personal Growth Should Happen,"
HBR.ORG, January 30, 2017.

自分を変えるためには、まず自分を発見しなければならない

ノーマン・メイラーはかつてこう書いた――人生には残酷だが公正な掟がある。私たちは変わらなければならない、さもなければ、変わらずにいるために犠牲を払わなくてはならない。

ビジネススクールでリーダーシップを教えている私は、この掟の存在をリアルに感じ、不安に思っているリーダーたちと毎日のように出会う。彼らは、自分のビジネスを変えなければ窮地に陥ることはわかっているのだが、変えるために自分はどうすればよいかがわからない。

会議をもっと効果的に進める方法を学べばよいのか。もっと部下の話に耳を傾ければよいのか。組織文化を変えるために、リーダーシップ・スタイルを変えればよいのか。

これらの問いすべてに対する答えはないが、それがなければどんなスキルも無意味になる「基本的な条件」ならある。それが何かを教えてくれるのが、四〇〇年以上も読み継がれているシェイクスピアの作品だ。

エール大学で三〇年間シェイクスピアを講じたハロルド・ブルームは、著書『シェイクスピア―人間の発明』[注1]（未訳）の冒頭の章で、シェイクスピア以前の登場人物は、ストーリーが進

むにつれてその人物像の全体が明らかになっていくことはあっても、成長することはなかったと述べている。

話の進行とともに全容が明かされるだけの登場人物の場合は、最初にステージに登場した時点で、観ている者は、その人物について知るべきことはもうわかったと感じる。そして、その直感はたいてい当たっている。作者がその登場人物に、深みを与える資質、すなわち、予期せぬ何かを発見する自己探求の能力を与えていないからである。

これを欠く登場人物には驚かされることがないので、何かを教えられることもない。ちょうど、人事評価面談を終えたマネジャーが、「新しい話は出なかった。いつもと同じ話だった」と考え、「これが自分で、いまさら変わりようがない」とか、「これが自分のやり方だ。気に入る人もいれば、気にくわない人もいる」と独り言を言うのに似ている。

しかし、シェイクスピアは、そう簡単に私たちの面談を終わらせてくれない。シェイクスピアの劇は、人間は自分で思っているほど単純なものではなく、多くの相反する未知の部分で構成されていることを教えてくれる。

ブルームが言うように、シェイクスピアの登場人物は、自分が話すこと——自分に対してであれ、他者に対してであれ――を聞いて成長することができ、新しい自分になることができるのである。

シェイクスピアは、登場人物に複雑な内面の世界を与えることによって、フロイトが登場する四〇〇年前に、いまの用語で言う「自己発見」を芸術的な筆致で描いた。

ハムレットは一人ではなく大勢いる――。父親の殺害の真相を知った彼は、激しい独白とともに、いまの自分には耐えられないと思いつめる。葛藤にさいなまれるあまり、自ら死を選ぶべきかと思い悩む彼の独白（「生きるべきか、死ぬべきか、それが問題だ」）は、文学史上最も有名な独白だ。

私たちがこの場面に魅了されるのは、ただ言語表現が見事だからではなく、観る者が、ハムレット自身も初めてこの言葉を聞いている、と感じるからである。何度この劇を見ても飽きないのは、真実の解明とともに危機に陥るハムレットが、もろく傷つきやすい存在、それゆえ真に人間らしい存在と感じられるからである。

シェイクスピアは、ハムレットやその他の登場人物を通して、人間が成長するための必須条件――自分を変えるためには、まず自分を発見しなければならない――を示すだけでなく、人が成長する時には何が聞こえ、見え、感じられるかを示した。

ハムレットが立ち直ったのは、その心が砕かれてばらばらになる寸前だった。同様に『ヘンリー四世　第二部』で、若いハル王子が王になる時、それまでの仲間を遠ざけて(「これまでの余と同じと思うな」)、放蕩の王子からアジャンクールの英雄ヘンリー五世へと変貌を遂げた。

私たちは、シェイクスピア劇の登場人物のような激しさとは無縁だ。だが人間は、自死を考えたり友から離れたりしなくても、変わることはできる。変化は、外的脅威がもたらす内面の不安から逃げる時ではなく、立ち向かう時に起こる。

ハムレットは、自らの無気力と臆病に向き合うことができた。ハル王子は、自らの自堕落な生き方を直視し、乗り越え、王にふさわしい新たなアイデンティティを獲得することができた。二人にそれができたのは、自らの内面にあるものを直視したからである。

＊　＊　＊

シェイクスピアが、不確かな現代に生きる私たちに教えているのは、自己認識——優れたリーダーの資質とされている——は、天啓のように訪れた時にのみ、その名にふさわしい価値を持つということだ。

成長とは、新しいスキルを獲得して自分を変えることではなく、何かを手放して――最も大切にしている自らの核心部分さえ手放して――自分が何者になれるのかを発見することなのである。

デクラン・フィッツシモンズ（Declan Fitzsimons）
INSEAD組織行動学助教授。シェアード・リーダーシップを計画・実施している企業を研究するとともに、そのような企業を対象にコンサルティングを行っている。

4） Jana Kasperkevic,"Bill Gates: Good Feedback Is the Key to Improvement," *Inc.*, May 17, 2013.

5） Adam Grant, "Wondering,"(blog), January 2018. https://www.adamgrant.net/wondering-archives

11. シェイクスピアに学ぶ、人が成長するための条件

1） Harold Bloom, *Shakespeare: The Invention of the Human*, Riverhead Books, 1998.（未訳）

No.1(January 1993): 35-43.

5. ネガティブな感情をコントロールする方法

1） Susan David, *EMOTIONAL AGILITY: Get Unstuck, Embrace Change, and Thrive in Work and Life*, Penguin Publishing Group,2016.（邦訳『ハーバード流こころのマネジメント―予測不能の人生を思い通りに生きる方法』ダイヤモンド社）

2） マインドフルネスを用いた認知行動療法の一つ。従来の心理療法が思考や感情をコントロールしようとするのに対し、ネガティブな思考や感情を受容し（アクセプタンス）、価値観に沿って人生を意義あるものにするために行動を起こす（コミットメント）ことで対処しようとする。

6. たとえ苦痛でも、内省の時間を取るべき理由

1） Giada Di Stefano, Francesca Gino, Gary P. Pisano, and Bradley R. Staats, "Making Experience Count: The Role of Reflection in Individual Learning," Working Paper 14-093, Harvard Business School,2014.

2） Jon M. Jachimowicz, Julia J. Lee, Bradley R. Staats, Jochen I. Menges, and Francesca Gino, "Between Home and Work: Commuting as an Opportunity for Role Transitions," Working Paper 16-077, Harvard Business School,2016.

3） Teresa Amabile and Steven J. Kramer, "The Power of Small Wins," *Harvard Business Review*, May, 2011.（邦訳「進捗の法則」『DIAMONDハーバード・ビジネス・レビュー』2012年2月号）

7. あなた自身を“数値化”し、キャリアと人生を改善する

1） Stephen Wolfram, "The Personal Analytics of My Life" (blog post), March 8, 2012, https://blog.stephenwolfram.com/2012/03/the-personal-analytics-of-my-life/.

8. あなたは部下からどう見られているか

1） Kristi Hedges, *The Power of Presence: Unlock Your Potential to Influence and Engage Others*, AMACOM, 2011.（未訳）

9. ネガティブなフィードバックを上司からうまく引き出す方法

1） Jennifer Porter, "How to Give Negative Feedback When Your Organization Is 'Nice'," HBR.ORG, March 14, 2016; Amy Jen Su, "How to Give Feedback to People Who Cry, Yell, or Get Defensive," HBR.ORG, September 21, 2016.

2） Naomi I. Eisenberger, Matthew D. Lieberman, and Kipling D. Williams,"Does Rejection Hurt? An fMRI Study of Social Exclusion," *Science* 302, No.5463(October 2003):290-292.

3） Jack Zenger and Joseph Folkman,"Your Employees Want the Negative Feedback You Hate to Give," HBR.ORG, January 15, 2014.

Bounds: Self-Perceived Expertise Predicts Claims of Impossible Knowledge," *Psychological Science* 26, No.8(July 2015); Philip E. Tetlock, *Expert Political Judgment: How Good Is It? How Can We Know?*, rev. ed (Princeton University Press, 2017).

10) Cheri Ostroff, Leanne E. Atwater, and Barbara J. Feinberg, "Understanding Self-Other Agreement: A Look at Rater and Ratee Characteristics, Context, and Outcomes," *Personnel Psychology* 57, No.2(June 2004):333-375.

11) Fabio Sala, "Executive Blind Spots: Discrepancies Between Self- and Other-Ratings.," *Consulting Psychology Journal Practice and Research* 55, No.4(September 2003):222-229.

12) 同上。

13) Jennifer Pittman," Speaking Truth to Power: The Role of the Executive," Markkula Center for Applied Ethics, February 1, 2007.

14) Joseph Folkman, "Top Ranked Leaders Know This Secret: Ask for Feedback," *Forbes*, January 8, 2015.

15) Susan J. Ashford and Anne S. Tsui, "Self-regulation for Managerial Effectiveness: The Role of Active Feedback Seeking," *Academy of Management Journal* 34, No.2(June 1991):251-280.

16) Anthony M. Grant, John Franklin, and Peter Langford, "The Self-Reflection and Insight Scale: A New Measure of Private Self-Consciousness," *Social Behavior and Personality* 30. No.8(December 2002)821-836.

17) Richard E. Nisbett, and Timothy DeCamp Wilson, "Telling More Than We Can Know: Verbal Reports on Mental Processes," *Psychological Review* 84, No.3(May 1977):231-259.

18) 同上。

19) Timothy D. Wilson, Dana S. Dunn, Dolores Kraft, and Douglas J. Lisle, "Introspection, Attitude Change, and Attitude-Behavior Consistency: the Disruptive Effects of Explaining Why we Feel the Way we Do," *Advances in Experimental Social Psychology* 22(1989):287-343.

20) Ethan Kross, ozlem Ayduk, and Walter Mischel, "When Asking 'why' Does Not Hurt. Distinguishing Rumination From Reflective Processing of Negative Emotions," *Psychological Science* 16, No.9 (September 2005):709-715.

21) Suzan Nolen-Hoeksema, Angela McBride, and Judith Larson, "Rumination and Psychological Distress Among Bereaved Partners," *Journal of Personality and Social Psychology* 72, No.4(April 1997):855-862; John B. Nezlek,"Day-to-Day Relationships Between Self-Awareness, Daily Events, and Anxiety," *Journal of Personality* 70, No.2(November 2002):249-276; Grant ほか, "The Self-Reflection and Insight Scale."

22) Tasha Eurich, "Increase Your Self-Awareness with One Aimple Fix," TED x MileHigh video,17, December 19, 2017.

23) Paul Brothe, "Eight Lessons I Learned From Buying a Small Business," LinkedIn, July 13, 2015.

24) J. Gregory Hixon and William B. Swann Jr., "When Does Introspection Bear Fruit? Self-Reflection, Self-Insight, and Interpersonal Choices," *Journal of Personality and Social Psychology* 64,

注

2. 自己認識力を高める三つの視点

1) Paul J. Silvia and Maureen E. O'Brien, "Self-Awareness and Constructive Functioning: Revisiting 'the Human Dilemma,'" *Journal of Social and Clinical Psychology* 23, No. 4(August 2004): 475-489.

2) D. Scott Ridley, Paul A. Schutz, Robert S. Glanz and Claire E. Weinstein, "Self-Regulated Learning: The Interactive Influence of Metacognitive Awareness and Goal-Setting," *The Journal of Experimental Education* 60, No.4 (Summer 1992): 293-306; Clive Fletcher and Caroline Bailey, "Assessing Self-Awareness: Some Issues and Methods," *Journal of Managerial Psychology* 18, No.5(2003):395-404; Anna Sutton, Helen M Williams, and Christopher W Allinson, "A Longitudinal, Mixed Method Evaluation of Self-Awareness Training in the Workplace", *European Journal of Training and Development* 39, no.7 (2015):610-627.

3) Silvia and O'Brien, "Self-Awareness and Constructive Functioning: Revisiting 'the Human Dilemma'".

4) Allan H.Church, "Managerial Self-Awareness in High-Performing Individuals in Organizations," *Journal of Applied Psychology* 82, No.2(April 1997):281-292; Bernard M. Bass and Francis J. Yammarino, "Congruence of Self and Others' Leadership Ratings of Naval Officers for Understanding Successful Performance," *Journal of Applied Psychology* 40, No.4 (October 1991):437-454.

5) Bass and Yammarino, "Congruence of Self and Others' Leadership Ratings of Naval Officers for Understanding Successful Performance"; Kenneth N. Wexley, Ralph A. Alexander, James P. Greenawalt, and Michael A. Couch, "Attitudinal Congruence and Similarity as Related to Interpersonal Evaluations in Manager-Subordinate Dyads," *Academy of Management Journal* 23, No.2(June 1980):320-330; Atuma Okpara and Agwu M. Edwin, "Self Awareness and Organizational Performance in the Nigerian Banking Sector," *European Journal of Research and Reflection in Management Sciences* 3, No.1(2015):53-70.

6) Daniel Goleman, blog, November 15, 2012, http://www.danielgoleman.info/on-self-awareness/; Shelley Duval and Robert A. Wicklund, "Effects of Objective Self-Awareness on Attribution of Causality," *Journal of Experimental Social Psychology* 9, No.1(January 1973):17-31.

7) Erich C. Dierdorff and Robert S. Rubin, "Research: We're Not Very Self-Aware, Especially at Work," *Harvard Business Review*, March 12, 2015.

8) http://www.insight-book.com/quiz.aspx

9) Berndt Brehmer, "In one word: Not from experience," *Acta Psychologica* 45, No.1–3(August 1980):223-241; Stav Atir, Emily Rosenzweig, and David Dunning, "When Knowledge Knows No

『Harvard Business Review』（HBR）とは

ハーバード・ビジネス・スクールの教育理念に基づいて、1922年、同校の機関誌として創刊された世界最古のマネジメント誌。米国内では29万人のエグゼクティブに購読され、日本、ドイツ、イタリア、BRICs諸国、南米主要国など、世界60万人のビジネスリーダーやプロフェッショナルに愛読されている。

『DIAMONDハーバード・ビジネス・レビュー』（DHBR）とは

HBR誌の日本語版として、米国以外では世界で最も早く、1976年に創刊。「社会を変えようとする意志を持ったリーダーのための雑誌」として、毎号HBR論文と日本オリジナルの記事を組み合わせ、時宜に合ったテーマを特集として掲載。多くの経営者やコンサルタント、若手リーダー層から支持され、また企業の管理職研修や企業内大学、ビジネススクールの教材としても利用されている。

中原 淳（なかはら・じゅん）

立教大学経営学部教授（人材開発・組織開発）。立教大学経営学部ビジネスリーダーシッププログラム（BLP）主査、立教大学大学院 経営学研究科 リーダーシップ開発コース主査、立教大学経営学部リーダーシップ研究所 副所長などを兼任。博士（人間科学）。北海道旭川市生まれ。東京大学教育学部卒業、大阪大学大学院 人間科学研究科、メディア教育開発センター（現・放送大学）、米国・マサチューセッツ工科大学客員研究員、東京大学講師・准教授等をへて、2018年より現職。「大人の学びを科学する」をテーマに、企業・組織における人材開発・組織開発について研究している。専門は人的資源開発論・経営学習論。『職場学習論』『経営学習論』『研修開発入門』『駆け出しマネジャーの成長戦略』『アルバイトパート採用育成入門』ほか共編著多数。研究の詳細は、Blog：NAKAHARA-LAB.NET（http://www.nakahara-lab.net/）

ハーバード・ビジネス・レビュー［EIシリーズ］
セルフ・アウェアネス

2019年8月7日　第1刷発行

編　者――ハーバード・ビジネス・レビュー編集部
訳　者――DIAMONDハーバード・ビジネス・レビュー編集部
発行所――ダイヤモンド社
〒150-8409　東京都渋谷区神宮前6-12-17
http://www.diamond.co.jp/
電話／03･5778･7228（編集）　03･5778･7240（販売）

ブックデザイン―コバヤシタケシ
製作進行――ダイヤモンド・グラフィック社
印刷――――勇進印刷（本文）・加藤文明社（カバー）
製本――――ブックアート
編集担当――前澤ひろみ

©2019 DIAMOND, Inc.
ISBN 978-4-478-10796-6
落丁・乱丁本はお手数ですが小社営業局宛にお送りください。送料小社負担にてお取替えいたします。但し、古書店で購入されたものについてはお取替えできません。
無断転載・複製を禁ず
Printed in Japan

ハーバード・ビジネス・レビューが贈るEIシリーズ

知識から感情的知性の時代へ
世界のエグゼクティブが注目する
EI〈Emotional Intelligence〉シリーズ

幸福学
執筆：テレサ・アマビール、アニー・マッキーほか
解説：「幸せに働く時代がやってきた」
前野隆司（慶應義塾大学大学院システムデザイン・マネジメント研究科委員長・教授）

共感力
執筆：ダニエル・ゴールマンほか
解説：「なぜ共感力が必要とされるのか」
中野信子（脳科学者）

マインドフルネス
執筆：ダニエル・ゴールマン、エレン・ランガーほか
解説：「マインドフルネスは時代の要請から生まれた」
三宅陽一郎（日本デジタルゲーム学会理事）

オーセンティック・リーダーシップ
執筆：ビル・ジョージ、ハーミニア・イバーラほか
解説：「『自分をさらけ出す勇気』が問われる時代」
中竹竜二（チームボックス代表取締役）

ハーバード・ビジネス・レビュー編集部［編］
DIAMONDハーバード・ビジネス・レビュー編集部［訳］

EIシリーズ特設サイト　http://diamond.jp/go/pb/ei/